U0348589

大师经典

管理团队

成败启示录

原书第3版

· 珍藏版 ·

[英] R.梅雷迪思·贝尔宾（R. Meredith Belbin） 著

袁征 蔺红云 译

李和庆 审校

R. Meredith Belbin

Management Teams

Why They Succeed or Fail

机械工业出版社
CHINA MACHINE PRESS

《管理团队：成败启示录》（原书第3版）围绕团队角色理论展开。贝尔宾团队角色理论认为，一支结构合理的团队应该拥有九个团队角色，即：鞭策者、执行者、完成者、外交家、协调者、凝聚者、智多星、审议员和专家，这九个团队角色在团队中起着互补但同样重要的作用。贝尔宾博士所提出的团队角色已经成为世界各地公司组织共同语言的一部分。

　　本书对原有理论进行了全面更新，作者重写了部分内容，对贝尔宾团队角色理论做出了新的解读。此外，贝尔宾博士还特别为中文版写了"致中国读者"，并授权译者在中文版中增加了阿里巴巴等本土案例，以帮助读者更好地理解其理论。

图书在版编目（CIP）数据

管理团队：成败启示录：原书第3版：珍藏版／
（英）R. 梅雷迪思·贝尔宾（R. Meredith Belbin）著；
袁征，蔺红云译. —北京：机械工业出版社，2022.9
（大师经典）
书名原文：Management Teams：Why they succeed or fail
ISBN 978 - 7 - 111 - 71277 - 0

Ⅰ. ①管… Ⅱ. ①R… ②袁… ③蔺… Ⅲ. ①企业管理-组织管理学 Ⅳ. ①F272.9

中国版本图书馆 CIP 数据核字（2022）第 130596 号

机械工业出版社（北京市百万庄大街 22 号　邮政编码 100037）
策划编辑：李新妞　　　　　　责任编辑：李新妞　侯春鹏
责任校对：薄萌钰　刘雅娜　　责任印制：单爱军
河北宝昌佳彩印刷有限公司印刷

2023 年 1 月第 1 版·第 1 次印刷
169mm×239mm·17.25 印张·1 插页·103 千字
标准书号：ISBN 978 - 7 - 111 - 71277 - 0
定价：69.00 元

电话服务　　　　　　　　　　网络服务
客服电话：010-88361066　　机 工 官 网：www.cmpbook.com
　　　　　010-88379833　　机 工 官 博：weibo.com/cmp1952
　　　　　010-68326294　　金 书 网：www.golden-book.com
封底无防伪标均为盗版　　机工教育服务网：www.cmpedu.com

对本书的赞誉

　　我的团队曾参加了贝尔宾团队角色认知项目并获益良多。在拜读了《管理团队：成败启示录》一书后，我更加深切地感受到"没有完美个人，但有完美团队"这句话发人深省。我曾经在管理一个中等规模的团队时感觉团队凝聚力和活力不够，而在与另一个团队合并成大团队后活力四射、凝聚力大增，这和"团队越大越难管理"相悖；我曾看到身边的一些团队业务很成功但出不了干部，这和"成功的团队出干部"相悖；我也曾在组建和运作跨国家、跨文化、跨语言的团队时深切感受到团队成员间的巨大差异更可能是"魔鬼"而不是"天使"……这些经历带给我许多困惑，而在读完《管理团队：成败启示录》之后，我豁然开朗，多年的困惑迎刃而解，该书不仅对组建团队和选拔管理者有重要参考价值，对团队建设和发展也非常有启发意义，是值得所有管理者一读的经典好书。

　　　　　　　　——唐晓军博士　华为技术有限公司光产品线首席技术规划师

　　团队管理不仅是领导者个人意志的向下实现或是简单标准的落地实施，更为重要的是寻找共同价值信念目标和符合团队成员差异定位平衡的系统工程，从这个意义上讲，高阶的团队管理是一门艺术而非技术。贝尔宾团队角色理论和实践工具，就是比较好的协助团队领导建立这种系统平衡的有效参照和指引，一方面可以通过双向（主观自我评价和客观他人评价）的互动，确定个性化的团队角色定位；另一方面通过共识、共创、共融来达成一致的团队理念和目标，从而促成完美的团队管理体系。这种体系不因个人领导意志而转移，而是自觉地形成团队内驱力以发挥最大价值。期待这套理论和工具能在纷繁复杂的商业环境下，帮助各级领导突破困境，达成团队的业务目标，实现团队价值远景。

——崔玄　武田中国副总裁，消化事业部负责人

一个团队能否成为高绩效团队，除了团队成员是否拥有共同的价值观、是否具备必需的专业技能之外，团队是否有合适的领导、团队成员间默契与否也是关键因素。贝尔宾的团队角色理论给现代企业的团队管理实践提供了一套有效工具。除了应用于对新建团队领导和成员的评估和选择（利用贝尔宾团队角色理论对现有团队的分析评估），还能增进团队成员之间的相互理解，令团队内部更注重扬长避短，减少内耗。如果一家企业把贝尔宾团队角色理论作为推动内部团队合作的方法论，那么这家企业就有更大的机会在激烈的市场竞争中脱颖而出。

——薛峰　艾默林汽车活动组件（无锡）有限公司总经理

致中国读者

亲爱的中国读者：

很高兴《管理团队：成败启示录》就要在中国出版了。这本书记录了我在英国剑桥大学亨利管理学院多年来主持的管理团队科学实验。在很多国家和不同的文化中，这些实验的成果都已经得到了广泛应用。

一个组织想要凝聚每个人的力量，就要充分认识人和人之间的巨大差异，这是团队共同进步的基础。

通过了解团队中的不同角色，团队成员可以改善相处的方式，从而进一步提高团队的工作效率。如果您在工作中经常面对比较复杂的局面，更应该重视团队所具备的特殊价值。究其原因，一个人的整套思路即便看起来很有说服力，其中也往往隐藏着一些不易察觉的不利因素。所以，需要团队成员从不同角度来做出自己独特的贡献。一个团队如果能在各方面达到平衡，就应该能够包容不同类型的成员。

此外，团队最好是短小精悍的，因为一旦规模变大，团队成员们所具备的独特才华往往会难以发挥。虽然亨利管理学院的这些实验最初的参与者都是高层管理人员，但实验证明，提炼得出的原则完全适用于项目团队、研发团队和其他各种团队。

一个团队，如果成员之间可以互帮互助，所能取得的成果肯定会超越完全由某一个强人铁腕统治的组织。我们西方人从贝淡宁⊖的作品《儒家思想对现代社会的影响》中了解到了中国文化传统中"礼"和"仁"的概念。我们感到非常亲切，因为这些概念和本书提出的理念有异曲同工之妙。我在中国巡回讲座时，曾在清华大学和贝淡宁教授做过交流。这次交流让我更加相信，东西方社会最终能够找到一条共同的道路，共同迎接未来世界所面临的挑战。

蔺红云女士和袁永昌先生为了搭建东西方文化传统之间的桥梁已经做了很多工作。两种文化传统如果能保持良好的沟通，对于双方都是有益的。我衷心地祝愿，随着时间的推移，更多的人从这种交流中受益。

R. 梅雷迪思·贝尔宾

⊖ 贝淡宁（Daniel A. Bell），国际知名哲学家、社会学家。1991 年于牛津大学获哲学博士学位。先后在新加坡、美国、中国香港等国家和地区从事教学与研究工作。2004—2005 年，任北京清华大学伟伦特聘访问教授。2006 年至今，任清华大学哲学系教授、博导。2016 年 9 月，贝淡宁教授被聘为山东大学政治学与公共管理学院院长。其《儒家思想对现代社会的影响》（*Confucianism for the Modern World*）一书 2003 年由剑桥大学出版社出版。——译者注

译者序

为什么在相同的资源与规则下，团队间业绩差别很大？

为什么招募了市场上的"明星"高管，却未能获得预期的结果？

为什么由公司能人组成的项目团队，工作业绩却一团糟？

这些几乎是每个管理者都会遇到的挑战。作为一名管理咨询顾问，看到很多企业在解决业绩困惑时，采取了常用招数——招募"明星"员工，以确保绩效的达成，但结果总是不尽如人意，这些"明星"员工也未能重塑过往的辉煌。问题究竟出在什么地方？到底怎样的一群人在一起才会有好的业绩？还是期盼运气好，找到一个"超人"？决定团队成败的核心因素有哪些？

基于个人能力、风格特点的研究有很多，但是对于团队的研究基本是空白，R. 梅雷迪思·贝尔宾博士在长达九年半的实验过程中，试图寻找答案，最终解开了这个谜团。该实验研究具有标杆意义，因为迄今为止，它是唯一一个基于团队第一手人群的实验研究，致力于解决团队构建、构成、设计以及团队业绩预测等层面的问题。贝尔宾博士因此被誉为"团队之父"。由于大家对团队相关话题的兴趣度越来越高，使得本书在英国《金融时报》上创造了连续十年畅销榜排行第一的佳绩。

中国作为世界最强劲的经济增长引擎，在外部环境多变、新产品辈出、竞争加剧、人工成本持续上升的环境下，如何保持企业竞争优势？有什么样的理论或西方成功经验可以借鉴？受 R. 梅雷迪思·贝尔宾博士所托，机械工业出版社在这个时机下引进了本书，希望对在探索打造高业绩团队、生态化组织以及高效项目团队的企业与读者有所助益。

我要感谢本书译者李和庆教授将这本学术性质的书籍翻译成一本可读性很强的作品，他的译者注缓解了因历史文化差异带来的阅读生涩感。同时，我的丈夫袁永昌全程扮演了第一读者的角色，及时反馈，并一直鼓励我们把这本书翻译好。最后，我还要感谢我的团队伙伴何雯、盛赞，他们也一直扮演着代表新生代第一视角读者的角色，在翻译之初指出了本书欠缺可读性的问题，在与李和庆教授商量后，我们决定做一定程度的妥协，但依然本着尊重原著、保持学术著作特点的原则，希望不会影响到一部分年轻、喜欢"速食阅读"的读者的兴致。

希望您能从这本书中找到属于自己的团队解决方案。

蔺红云

序　言

在我们的工作中，每时每刻都能看到团队的影子。团队成员虽然性格各异，发挥的作用也大相径庭，但作为一个整体，成员之间却能够互为补充、相得益彰。R. 梅雷迪思·贝尔宾博士的大作，正是围绕着团队的性质、组织结构和组织行为等主题，读来令人不忍释卷。

这本书不仅充满魅力，而且来得非常及时。多年来，管理工作总是过分强调个人的作用，好像搞好管理就是要选对人。各种组织都看重一个人的资历和成就，讨论的主题也是某个人的长处和短处。但我们心里都清楚，为某特定岗位找到最理想的人是不可能的。之所以找不到，是因为这样的人根本就不存在。

只要把一个优秀管理者须具备的优秀品质一一列举出来，我们就会明白，这些品质不可能同时出现在一个人身上。比如，一个管理者应该非常聪明，就像《三国演义》里的诸葛亮，可是又不能聪明过头，犯下杨修、蒋干那样的错误。管理者应该既能像张飞那样处事果断，又能谨慎小心，处处考虑别人的感受；既要能言善辩，具备苏秦、张仪的思辨能力，又要具备"沉默是金"的智慧，能听懂别人的弦外之音；既是个杀伐决断、敢作敢为的草莽，又是个穷经皓首、思绪绵长的哲人，如此种种。即便你找来了这么一位非常稀缺、具备所有互不兼容品质的完人做经理，就万事大吉了吗？如果他突然遭遇车祸、英年早逝，或者为了自己和家人的健康问题移居海外，或者因为竞争对手的高价邀约而变成你事业上最大的对手，你又该怎么办呢？

可是，假如我们打开眼界，放弃对理想人选的竞逐，就会惊喜地发现，答案原来就在身边。一个优秀的团队，正是因为避免了对某个人的过分依赖，才能够在管理中获得更持久的成功。俗话说，铁打的营盘，流水的兵。通过人员的新陈代谢，一个团队可以顺理成章地实现知识和技能的更新，让各种本来在一个人身上互不兼容的优秀品质发挥合力。通过成员们的分享，团队还可以共同建立起对经验、信息和判断力的储备。即使出现人员更迭，这种储备也可以得到传承，而且能够同时在多个不同的场合发挥作用。正因如此，我们应该把团队而非个人看作保障组织发达、基业长青的基石，组织驾驭风浪、闯关渡险的航船。

个人与团队，孰轻孰重，自有公论。一个团队的成就，无论在数量上还是质量上，往往都远远超越了一己之力所能实现的成绩的总和。只要是曾经在成功团队里工作过的人，对这个浅显的道理都心知肚明。有多少人，本来在团队中成绩斐然，可是一旦脱离了团队，就难以绽放自己的才华。有多少曾经辉煌的团队，因为个别人被提拔到其他岗位上就此一蹶不振。遗憾的是，除了提拔个人，管理者本来还可以选择对整个团队委以重任，或者扩大团队的职责范围。遗憾的是，许多管理者并没有对这些显而易见的选项予以考虑。

所有在成功团队里工作过的个人，心里都很清楚这个道理。所以可以这么说：我们当然不该忽略组织中的个人，但要把更多的精力和思考放在团队身上。我们要帮助团队做好选拔、培训和职业规划工作，更多地关注团队而非个人的资质、经验和成就。我们要研究团队的心理状态、组建方法、激励机制和行为模式，把这些作为管理工作的重中之重。

可是，这么重要的工作该如何来完成呢？困难在于，相对于个人的心理状态、激励机制和行为模式，对如何打造一个成功的团队，我们实在是知之甚少。贝尔宾博士不仅提出了问题，还给出了颇具说服力的答案，而且对答案的细节进行了全面的记录。因此，要想理解"人"的组织如何运作以及如何提高组织的绩效，我认为贝尔宾博士的著作是过去十年来这个领域内重要的成就。现在，堪称经典的管理著作屈指可数，而贝尔宾博士的研究成果足以跻身经典，可以说是每个管理者的必读书。鄙人认为，如果一位在岗的管理者对于如此重要的智慧都不愿意去领悟，那么就是对自己的不负责任、对他人职业生涯的冷漠。

安东尼·杰伊（Anthony Jay）⊖

⊖ 安东尼·杰伊（Anthony Jay, 1930—2016）：英国作家、播音员、导演，因 20 世纪 80 年导演《遵命大臣》而著称。

前　言

　　《管理团队：成败启示录》第 1 版出版于 30 年前，之后的销售情况证明了其魅力可谓历久弥新。原因可能是大家对工作团队的人员构成以及如何选拔团队成员越来越感兴趣了。

　　运用团队角色理论管理团队已经成为一套工作方法，而这套方法的开发经历了漫长的历程。最初，它只是学术研究的尝试。说它是学术研究，一方面是因为实验环境是人为设置的。亨利管理学院有一门专为高级经理打造的课程，通过"高管沙盘实战演练"（简称 EME），揭示基于团队所做的决定是如何影响业绩的。说它是学术研究的另外一个原因是，实验对所有的输入和流程变量，都尽可能进行权衡和严格的比对。这个"高管沙盘实战演练"的设计目的在于，揭示什么样的团队更容易产出某种特定的业绩。当然，实验的最终目的还是要证明，这样一个在象牙塔里进行的学术实验是否真能应用到现实的管理实践中去。

　　要想达到如此雄心勃勃的目标，当然需要时间的考验。事实上，我们的实验整整持续了九年。实验过程中涌现出很多想法，我们对这些想法不断进行完善，逐步形成团队角色理论。理论成型的标志是能够根据团队的各种动态因素对团队业绩进行预测，预测结论可以对照实际结果进行验证。亨利管理学院的实验早已结束，但我们从未停止探索的脚步，我们还开发出了测评团队成员的新方法。

　　本书客观记录了我们在亨利管理学院进行实验的全过程。经常会有人问我，能否把这些实验以修订过的形式呈现给大家。当然，我无法做到，因为回顾性修订是有风险的，可能会扭曲实验中的实际状态。要想客观公正地记录一件事情，最好就是在当时当地或是在它刚发生不久的时候去做。

　　这里，我摒弃了第 2 版的前言，究其原因是，第 2 版前言中的一些细节讲述的是几十年前的情况，现在已无再提的必要。第 3 版主要有两个变化。首先，在本书末尾，随着贝尔宾团队角色理论得到推广应用，我们增加了许多案例。其次，本书的结构也根据读者的兴趣进行了调整。为此，我要感谢吉莎·洛奇（Gytha Lodge）的编辑和修订工作。当然，我也非常感谢那些参与研究的同事以及多年来参与过实验的人们，没有他们的贡献，就不可能有我们今天看到的成果。最后，我还要衷心感谢安东尼·杰伊爵士为本书撰写序言。

R.梅雷迪思·贝尔宾

剑桥大学

2009 年

目　录

第一章

组建高效团队:
历经九年的尝试

想让读者对一本书感兴趣,最好在一开始就说清楚整本书的脉络。《管理团队:成败启示录》(原书第 3 版)(珍藏版)讲述的是我的一段经历。我开发了一门关于团队角色的语言,目的是帮助人们了解在团队中一个人是如何有效发挥作用的。起初,我并没意识到有这样一门语言,只不过是依据自己产业心理学的背景,想对人们在职场上如何互动这一问题一探究竟。此外,我当时已经花了半辈子的时间,专注于选拔人才,借助一套心理测试系统,帮助企业进行招聘。

40 年过去了,团队角色语言已经被世界各地的大型企业广泛采用。它不但给企业提供了评估和指导个人、团队和组织的一种方法,而且提供了可行的解决方案。

要想知道这一切究竟是如何做到的,那就说来话长了。我们不妨回到 20 世纪 60 年代末的亨利管理学院,看看我们是如何开始这项长达 10 年之久的研究的。

团队研究的开端

有一天，一位素不相识的访客来到我们在剑桥大学的办公室，想跟我们探讨在管理领域如何应用计算机的问题，这在当时是个热门话题。但这个课题并不是我们擅长的研究领域，而且当时我们对这个领域几乎一无所知，所以它对我们的吸引力并不大。

此后，我们慢慢了解到，原来是当时有人想申请一笔研究经费，研究管理领域的计算机应用问题，但这项申请还没有正式提交就被拒之门外了。我们还得知，非官方渠道对我们的研究方向持认可态度。据称，如果这项研究申请和剑桥大学产业培训研究所的在研项目挂钩，获得经费的可能性就会更大一些。为什么有人会给出这样的建议，我们并不清楚，但不管怎么说，通过这样的方式，我遇到了未来的同事本·阿斯顿（Ben Aston）。通过他的动议和游说，剑桥大学产业培训研究所和亨利管理学院才得以开展这项合作研究。

亨利管理学院是欧洲最古老的管理学院，位于奇尔特恩丘陵和泰晤士河交汇的地方。学院曾是汉布尔登勋爵的府邸，距离以汉布尔登勋爵名字命名的村庄不过一英里左右。整个村庄看起来古色古香，村里的小酒吧气氛轻松宜人，亨利管理学院的师生经常光顾这里。

我们驱车前往亨利管理学院，一路经过拦牛木栅和门房，途径一片片绿树成荫的草地。精心修剪过的草地一直延伸到泰晤士河畔，水面上的天鹅、水鸭和野雁为争夺领地喧闹不息，与寥无人迹的广衮牧场辉映成趣，让人不禁驻足。

其实还有更重要的理由，让我们延长了原本短暂的访问。亨利管理学院对经理人采取的教学方法是"辛迪加团队"，每个"辛迪加团队"由 10 或 11 名成员组成，通过精心组合，使成员的背景和履历相对平衡，其中有银行家、工程师、科研人员、公务员，还有些成员拥有生产或商务工作的资历。所有人几乎都是在职的经理人，大部分经理人的年龄在 40 岁左右，属于即将被提拔或被任命到高级管理岗位的培养对象。

"辛迪加团队"的运作方式创造了独有的学习方式。其倡导者宣称，这种学习方式创造了适合于成熟经理人唯一可行的学习环境。不管怎么说，这样的学习方式在一定程度上使参加培训的经理人对于如何管理团队产生了浓厚兴趣。

亨利管理学院早就发现，有些"辛迪加团队"运作得很好，但有些则表现得不尽如人意。很难判断这种现象是什么原因导致的，况且团队领导是很容易产生争论的话题。参加"辛迪加团队"的经理人虽然个人能力很强，通常也能给人留下深刻的印象，但在跟别人合作时，表现得却令人失望，而一些由给人印象并不那么深刻的成员组成的"辛迪加团队"反而能合作顺畅，取得佳绩。似乎很难看出哪种组合会碰撞出最佳团队。这种现象背后的原因并不清楚，教员们对此现象也是各执己见。

亨利管理学院"高管沙盘实战演练"的出现，提升了大家对这个领域的关注。学院把"辛迪加团队"全部拆散，让成员重新组合成新的团队，称为"公司"，其目的是在管理演练中形成竞争的局面。

结果再次证明，一些管理团队的成绩比其他团队要强。但这一次的差异是实质性的，因为结果是可以衡量的。"高管沙盘实战演练"结束后，我们对"辛迪加团队"的财务状况进行了统计。这就意味着，一个"辛迪加团队"成功与否，是可以按照单项指标进行比较的。这使得对于管理团队能力的评价不再特别依赖主观印象，更多的是看财务结果。卓越的财务成果是每个管理者所追求的，而使用这一硬性指标也便于亨利管理学院对这些管理团队的有效性做出评价。

两种不同的团队模拟实验

在这项实验中，我们提出的创新点在于，把团队的投入和产出结合起来进行分析，也就是说，实验所需的团队由我们来挑选。相应地，我们对团队成员进行了一系列的心理测试。通过测试，我们可以看到每个成员在个性和智力方面的特征，按照特色鲜明的输入模式进行搭配，组建特定类型的团队。

现在，大家把关注的焦点放在了投入和产出之间的关系上。从投入到产出，背后的逻辑需要进一步研究。为此，我们也从学员中选出了一批观察员来做协助。与参加"高管沙盘实战演练"的成员相比，这些观察员对了解管理团队是如何运作的更感兴趣。我们让观察员用标准化的观察方法，每隔半分钟，就在记录表上填写某个成员所做贡献的类型⊖。

⊖ 类似于现在的人才测评中心技术。——译者注

观察的行为类型有七种：提问、告知、提议、反对、放权、构建和评论。在观察过程中，不但要统计每个成员实施每种行为的次数，以确定谁是发言最多的人，还要观察其发言的性质，以确定每个成员的性格。例如，输入数据与过程数据的交叉关系表明，最喜欢提建议的人通常是学习能力测试中最聪明的，也是性格测试中表现最活跃的。

研究初期，我们意识到我们的实验存在人为设定的因素。初期结论也确实受到一些实业家的质疑，这些久经沙场的实业家认为，在这美景环绕、富丽堂皇的学院环境下所进行的实验，脱离了严酷的社会现实，而研究所在地恰恰导致了这一偏见。有的人也认为，实验是在温室条件下进行的，因此没有什么实用价值。

在进一步讨论这些反对意见之前，我们不妨思考一下这两种管理游戏对团队成员提出要求的本质是什么。"高管沙盘实战演练"是亨利管理学院特有的教学实践活动，后来被更有效的"团队大富翁"所取代。不过，两种实验方案都力图反映真实的工作场景。

高管沙盘实战演练（简称 EME）

"高管沙盘实战演练"是将原来为期 10 周的管理教学活动压缩为一周，是专为提升经理人潜在能力发展而设计的。尽管我们使用 EME 作为团队分析的手段，但这个教学实践活动背后其实另有目的，即：培养经理人战略决策的能力。此外，实践活动还为经理人提供了一个得天独厚的机会。

> "辛迪加团队"通常由六名成员组成，除了主席、秘书等角色外，还有分别负责营销、生产、财务和办公服务的经理人。但在大多数课程中，会有八个"辛迪加团队"同时参与竞争，力图模拟在多变的市场环境下企业可能遇到的各种问题。
>
> 整个 EME 的核心内容是购买房产。各团队根据房产的价值和销售情况来获得收入。在教学活动初期，需要参加拍卖获得房地产，团队可以派人参加竞标，也可以递交密封的标书。在活动期间的某些特定时刻，团队之间还可以交换房产，在处理掉不理想资产的同时，还能最大限度地从用途大的或处于战略位置的资产中获利。整个活动设计的虚拟跨度是"三年"，而"季度"报告的数据会输入计算机。

教学活动采取互动形式，每个"辛迪加团队"的决策质量取决于其他"辛迪加团队"在国内和出口市场所做的决策和采取的行动。各团队可以购买市场调研报告，也可以获得运营方面的建议，还可以和金融机构、工会打交道。总之，每个"辛迪加团队"的成员都需要完成一些本职工作，与此同时，他们必须相互协调彼此的工作计划，才能最终在共同决策上达成战略共识。那么，"高管沙盘实战演练"跟现实中管理团队通常面临的问题有什么共同之处呢？答案是，部门的利益和决策一定要根据公司的重要事项进行通盘考虑。事实上，"高管沙盘实战演练"所关注的正是六位成员坐在一起共同解决问题、做出正确决策的过程。

"高管沙盘实战演练"作为一个基于计算机平台的教学活动，和

大家预期的一样，非常重视分析和计算，以模型化方法解决一般的
企业运作问题。在使用了"高管沙盘实战演练"几年后，我们开始
举办管理团队方面的研讨班。因为考虑到对其他一系列技能的需要，
我们感到有必要开发新的教学活动。在新的教学活动中，谈判技能
会发挥更大的作用。

　　一个偶然的机会让我们认识到，"高管沙盘实战演练"和真实的
业务环境还存在差异。在"高管沙盘实战演练"设定的角色中，有
一个是银行家，这个角色在活动初期似乎无关紧要。那些富于进取
心的成员厌倦了长时间的伏案工作，出于好奇，去找他聊天。在问
及他为什么会参与团队时，他们发现，他的身份原来是银行家，职
责是在团队资金紧张时负责提供贷款。

　　"高管沙盘实战演练"预设了资金危机的环节。这时候，银行家
的角色会突然变得非常受欢迎，而那些事先和他交流过的人申请和
获得贷款就会容易得多。当其他团队提出抗议的时候，银行家会解
释个中原因跟现实中的情形类似。毫无疑问，他说的没错，因为大
家都更喜欢跟自己认识的人做生意。

　　这表明在职场上建立人际关系和谈判是一项必不可少的技能，
虽然其性质和纯智力上的比拼很不一样。我们认为，如果把这一部
分融入模拟演练就更好了，但问题的关键在于，要把通过计算机构
建的纯数学结构改变为可以培养这一部分技能的、更为灵活的系统。

　　我们还认为，模拟演练系统还需要更明确地揭示成功的经验和
失败的教训。在"高管沙盘实战演练"中，我们注意到，有些不成
功的团队不去审视自己不尽如人意的成绩背后的深层原因，反而会

用精神胜利法给自己找借口。最常见的借口就是"如果模拟演练时间再长一些，我们就能赢"，或者"要不是裁判在关键环节的误判，我们的成绩会很不错的"。

问题是，这些团队最终盘点的资产价值有时差别很小，让人以为各团队运作的有效性相差无几。为了让成败的教训更为凸显，并且为谈判提供更大的空间，我们采用了一种新的研讨会演练模式："团队大富翁"。

团队大富翁

"团队大富翁"的教学活动时间相对要短很多。所有团队在半天之内决出胜负，并在第二天花一个上午的时间分析结果。每个团队由四名成员组成，团队的整体架构和"高管沙盘实战经验"几乎相同。参赛团队获得地产，建造房屋，然后从开发的房产中收取租金。

我们对活动的规则做了改变，房地产只能通过竞标、拍卖和谈判才可以易手。为了防止模拟演练的随意性过强，我们会向团队提出预警，告诉他们在每个阶段的工作进展会到哪里，允许他们通过申请贷款或者变卖资产获取资金，为接下来要发生的情况做好准备。由于规则的调整，模拟演练的随意性大大降低，或者说降低到了和现实商业环境类似的水平。当然，这样做仍不能排除一些偶发事件，但那些有备而来的团队仍有足够的预警和做出计划的时间。"团队大富翁"为展示人际沟通技能和天赋提供了很好的机会，这给团队施加了相当大的压力。

模拟演练中，唯一实际的困难是，有的团队破产的速度要比预期的快。这导致四位闷闷不乐的经理人早早地去酒吧里"占座儿"了。为了让这些团队能够在预期的时间内维持运营，我们重新引入了银行贷款机制，最终解决了这个问题。

"团队大富翁"的演练方式能帮助团队充分意识到失败的原因。有的可以归咎于团队组合得不好，或者没有善用资源。前者不是团队的责任，后者则需要团队成员认真反思。"团队大富翁"和"高管沙盘实战演练"有一个共同之处：既让人开心，又让人不禁心生一丝恐惧。财富最终是以复利的形式计算，所以，就如同一首维多利亚时期的歌曲所唱的："这世界还是一个模样，真让人遗憾，富人得势，穷人遭难。"灾难恰恰落在因为失误而潦倒的团队头上，确实很符合维多利亚时期的道德观念。

跟"高管沙盘实战演练"相比，"团队大富翁"有两个显著的变化。第一个变化是能够让学员从模拟演练中学到更多的东西。"团队大富翁"活动结束以后，每个团队都会进行自我检讨。检讨的结果可以对所有人公开，成为大家可以共享的经验。第二个是结构上的变化，"团队大富翁"的演练方式更贴近现实生活。指导老师可以自行决定是否或者何时引进变化和危机的环节，而不是像原来那样遵循严格的游戏规则。这一点对不同团队成败的影响非常明显，我们会在后面的章节中进一步讨论。

至于如何更好地模拟现实中的商业环境，"团队大富翁"做得似乎不错。参与者很喜欢其中谈判的环节，同时还可以运用到一系列不同的技能。

归根到底，模拟演练的基本原理能否应用于日常的团队管理工作，取决于在模拟演练中检验这些原理时会出现什么结果。经过五到六年的实验，我们在亨利管理学院所创立的理论和技巧被越来越多的公司采纳。有些公司将其用于经理人培养，有的对原来不成功的团队进行了重建，还有的正在为新项目和新公司打造一个完美和谐的团队。我们发现，"团队大富翁"可以在不同国家、不同规模的公司使用。人们还可以根据所需要的技能（比如谈判），进行有针对性的人才选拔。这些延展内容丰富了我们在该领域的知识储备。回想起来，我们获取的知识主要还是源于在亨利管理学院所做的这一开创性工作。当时归纳出的一些基本原理，也的确经受住了时间的检验。

团队研究的五个阶段

在亨利管理学院开展的这项研究，根据性质的不同，可以分成五个阶段。这五个阶段有两个共性。首先，所有参加研究的志愿者均通过了旨在了解其智力和个性的心理测评（见附录）。其次，不同团队的财务成果，均可以成为衡量其是否成功达标的标准。

第一阶段

采用亨利管理学院事先分配好的团队，并且据此进行研究。我们对团队中个人的测评结果、观察者的记录资料和最终的财务状况三项指标进行了比较。

第二阶段

经过允许，我们可以自由组队。首先，把测评结果类似的成员分配到同一个团队。这有助于我们对照考察由纯外向型或纯内向型学员组成的团队的不同表现，或者对全部成员智力超常或全部成员智力一般的团队进行对比研究。这些团队和研究成果将在第三章进行详细的分析。

第三阶段

这是一个用时较长的阶段，我们设计了一些实验，对很多特定的假设进行了彻底检验。最为异想天开的做法是，我们对实验结果进行了大胆的预测。在活动开始前，预测结果递交到了管理演练活动的秘书手里。这个阶段被认为是收获最大的。对于我们而言，任何一个错误的预测都是研究的信号。对于错误的预测结果，观察者的记录也都给出了重要的提示。不管怎样，进行准确预测的基础显然正在逐渐成形。

第四阶段

重新修订模拟演练的目标，目的是帮助经理人在组建团队的过程中发挥积极作用。

第五阶段

重回耗时最少的实验第一阶段，但根据过去几个阶段的研究成果，能够拿出团队建设的更成熟方案。

团队实验的两难选择

回顾我们的实验，可以清楚地看到自己处于一个两难的境地，一方面要进行有价值的受控性实验；另一方面，要为参加者安排有益的教学活动。在开始阶段，虽然我们对此领域知之甚少，参与的成员还是给予了积极的反馈。随着研究的深入，我们根据那些假设的不断尝试，渐渐总结出优劣团队的特点。这时，如果想要让实验继续进行下去，就需要为研究设定更多的限定条件。

对于我们在实验设计中提出的更加严格的要求，有人充满了好奇，有人平和以待。有一点需要说明，少数人时不时觉得自己受到了暗中操控，甚至受到不可控的"邪恶力量"的指引；还有的人很不开心，觉得这样的实验试图错误地将人分门别类，而人性相对而言又是无法预料的。不过，几乎每一次课都能给学员带来惊喜，总算让学员们心里踏实了一些。

在第四阶段，我们允许团队在选择成员时有更大的参与度，最初，学员的反应非常积极。一想到能够自由邀请成员来组成自己的超级团队，学员们简直要被自己的热情点燃了。通常，选拔的原则是已经教授给大家的团队组建原理。如果能够获得成功，对他们来说无疑是一种肯定，说明他们也能够通过组建优秀的团队来取得优异成绩。但这种做法多少带有精英主义的色彩，使课程内部的人际关系变得紧张。作为旁观的实验人员，我们当然不希望看到此类情况的发生。因此，我们做了一些调整。

新的规则要求，参加活动的所有成员由得到"辛迪加团队"提名的成员来进行选拔。这样一来，负责选拔的人可以自主形成一套关于团队组建的理论。在决定成败的时候，这些选拔者会用自己的选拔策略和别的选拔者展开竞争。为了让他们能够选到合适的人，我们把之前的测评结果交给他们。到了研究的后期阶段，我们甚至可以给他们提供每个参与学员的"团队角色"画像。到目前为止，本书还没有介绍"团队角色"（在后几章会介绍）。现在，不妨重点谈谈我们在实验中提供的心理测评。

在公开发布的测评综述里，参加者是被匿名编号的。在选拔的时候，负责选拔的人不知道每个编号所代表的真实身份。他们会考察整个名单，并且按照顺序挑选符合他们设想中理想团队标准的成员。对那些以个人喜好作为团队组建依据的人，挑选的结果可能会让他们大吃一惊——某个和你一起打高尔夫球的同伴可能会被抛弃，而曾经跟你发生过冲突的人会加入你的团队。真正获得优势的是那些对团队组建有深入思考的选拔者。对于团队组建，他们会力图做更综合的考量。

课程内容的创新，以及摆脱事先精心策划的实验方式，提高了学员们的参与度，也给学员们带来了更多的乐趣。当然，这也是有代价的。尽管每个人的体验变得更加生动，但至少在某些课程中，学员学到的"干货"少了。比如，他们可能学不到某种特定组合存在的重大劣势或优势。有些学员自己也意识到了这一点，于是，不断有人要求我们扮演原来那种容易引发争议的角色，根据团队组建的原理来挑选团队。"让专家来干这活，看看他们是怎么做的"，类似这样的观点常常出现。

用更加复杂的方法组建团队

在最后阶段，我们可以精心选拔、组建很有设计趣味的团队。同样，活动的成果会根据团队组成的不同以及能否扬长避短进行归纳总结。至此，对于一个团队是成功还是失败已经知之甚多了。然而，当我们更加自信地根据这些理念行事，课程的操作反而变得不那么轻松自如，参与者的挫折感也加深了。这是因为，工作处于初期探索阶段时，我们容易为团队的失误找到可接受的理由。但当我们的经验积累变得更加坚实，个别团队的挫败则会带来令人不安甚至憎恶的感觉。我们扮演的角色对活动的整个过程以及最后结果的作用也被夸大。虽然我们的预测能力在此阶段的作用尚不清楚，但还是有人觉得，我们的预测能力在一定程度上限制了他们自己掌控命运的能力。

经过九年的不断努力，我们感觉已经把团队建设工作的方方面面都探索清楚了。对工作初期经常碰到的一些情形，我们开始进行二次开发和实验。在亨利管理学院进行的最后一次教学活动中，我们准确预测了参与活动的八个团队的排名。

亨利管理学院在澳大利亚有一家姐妹学院，叫作墨尔本行政学院。这家学院很想了解有关组建有效团队的理论。于是，我们三次前往澳大利亚，在那里进行了完整的团队组建教学实践。结果发现南半球的管理团队和北半球同行们的表现大同小异。可见，在团队行为的决定因素中，团队的组建比团队位于哪个半球或者归属于哪个文化圈更重要。

本书接下来会讲述一些我们最重要的研究成果。如："为什么有的团队失败，而有的会成功?"可以说，我们已经找到了答案。

小结

- 研究团队成败的开端。

- 两种教学实践活动——为期一周的"高管沙盘实战演练"和为期一天的"团队大富翁"。

- 最初由课程组织者事先选择团队，到了后期，由研究人员依据一些假设进行团队组建，以便对团队的成功和失败进行预测。

- 经过九年的研究，终于成功进行了团队成败的预测。

第二章
阿波罗综合征：
高智商的诅咒

如果可以自由选择团队成员，你会如何组建一支超级团队呢？一般认为，在面临复杂困局时，尤其需要头脑敏捷、精于分析的人才。果真如此，为什么不把聪明人聚在一起承揽重大项目，或专门让他们做重大决定呢？

这种智库型方法（think-tank approach）表面看来是最理想的，因为这样可以做到物尽其用、人尽其才。管理教学实践只有涵盖了一系列复杂的规则、约束条件、变量及可能性等因素，才能给这些聪明人提供用武之地。

亨利管理学院的指导老师欢迎我们的到来，并允许我们放手自由组建团队，这使得我们有机会探索不同智力水平的人组合在一起会发生什么。有些团队，成员的智力水平比其他的一些团队要高出一截。当然，作为一项实验，这么做虽然是理想状态，但也会带来很多团队内部人际关系层面的风险。后来，学院对活动做了一些改变。我们可以继续组建类似智库型的团队，但不能组建那些全由智力水平偏低的成员组成的团队。如果测试团队成员的智力水平，则必须保证每个团队都要有公平取胜的机会。我们做出承诺，保证每个团队至少有一个智力水平上乘的成员。

在第一次组建完全由智力测试中表现优异的人组成的团队后，成员们很快便知道了我们的意图。各个团队参与活动的成员名单一公布，大家就都明白了。

过去，我们是根据字母表顺序来给团队命名的。比如，A 团队的召集地点是在亨利管理学院 A "辛迪加团队" 成员会面的地方。B团队在 B 团队会面的地方，以此类推。稍有不同的是，我们决定给这些 "辛迪加团队" 起名字，而不是采用缺乏人性化的字母。所起团队名字中包含了对团队的描述，同时也隐含了团队的召集地点。

所以，我们给 A 团队取名为 "阿波罗"⊖（选择它是为了纪念当时登月计划的胜利）。在这个团队里，我们安排的全部是在智力测试中得高分的成员。个人的分数是保密的，但大多数学员立刻明白发生了什么。大家都很清楚，也知道我们特意做了这样的安排，好让他们赢得比赛。这么多聪明人被放到一起，根本无法瞒天过海。

如果比赛活动的重点是看谁聪明，那么由一群聪明人在一起肯定能取胜。但在做出其他别具匠心的团队构建之前，有必要验证一下这条最基本的规则。于是，我们对此进行了实验，发现事与愿违，

⊖ "阿波罗" 类型指的是特别有男子气概的人或最顶尖的人，因为这是希腊字母表中的第一个字母。——译者注

"阿波罗"团队一般总是最后一名。

和现实生活中一样，管理教学实践也有功亏一篑的时候。因为一个偶发事故或某个小问题上的失算，团队的成绩会受到影响。我们最初也是这么分析"阿波罗"团队为何失败的。后来，我们又仔细研究了观察者的记录，发现团队失败的原因其实在于不尽如人意的过程。

"阿波罗"团队的弱点

"阿波罗"团队把大量的时间浪费在无谓的争论上。他们互相游说对方，力推自己精心准备的观点，但没有人能说服别人或者被别人说服。每个人似乎都擅长找出别人看法中的漏洞，最后团队却未能达成共识，或者说不得不达成共识，但一些紧急和必要的工作反而被忽视了。团队在比赛中落败，团队成员开始相互埋怨。总的来说，把所有聪明人放在一起组成的"阿波罗"团队，彻底让人失望了。

这么有前景的实验当然要反复进行验证。在几年的时间里，我们先后坚持组建"阿波罗"团队，参加"高管沙盘实战演练"活动。在有"阿波罗"团队参与的 25 次实验里，只有三次他们取得了成功。最常见的结果是，在八个团队中，"阿波罗"团队排名第六（共六次）和第四（共四次）。让亨利管理学院的研究人员大为惊讶的是，许多聪明人（而且是被公认为聪明的人）在一起，取得的成绩居然这么差。

"阿波罗"团队偶尔也会取得好成绩，总算为他们挽回了一些面子。其中原因，我以后再解释。然而通常情况下，尽管具有天生的优势，"阿波罗"团队的战绩相对而言还是失败的。

"阿波罗综合征"在"团队大富翁"教学活动中也经常出现，所以在我们开设团队管理方面的讲座时，总会提起这个名字。事实上只要有机会，我们就会尝试组建一支"阿波罗"团队。从实验中汲取的教训，对参与者和观察者来说都颇有价值。

"阿波罗"团队的特点很容易归纳：团队难以管理，容易陷入非建设性的争论，以至于很难做出决策。团队成员按照自己的喜好各行其事，不关注也不考虑伙伴们的做法。这当然比完全无法做出决定要好，但得到的却往往是一个相互不协调的集体决定。一个成员的工作成果，往往在无意中被另一个成员的做法破坏了。由于团队无法展开协作，个人的努力和闪光点被无视了。"阿波罗"团队在参加"团队大富翁"活动时经常遭遇现金流的问题，因为公司仅有的资金被内部的相互竞争消耗掉了。

"阿波罗"团队的行为模式有时候虽然和上述典型做法有所不同，但他们依然不能完全发挥自身的潜力。或许，他们以前就听说过或者意识到了典型"阿波罗"式做法的危害。在这些情形中，"阿波罗"团队的成员似乎故意不让自己陷入智力上的对立和个人英雄主义。他们显得过分尊重别人的建议，甚至不太愿意承认有些建议是相互矛盾的。这种行为上的过度妥协好比是先有对立，然后又忽略对立的立场，目的仅仅是为了让气氛融洽些。两种情况下，成员们的想法都无法更进一步。没有人知道如何采纳各成员的意见，以及要达到什么样的目标。

NASA⊖ 的"阿波罗"团队

在实验进行了一段时间以后，"阿波罗综合征"以一种极具讽刺意味的方式在现实生活中得到了印证。来自澳大利亚的大卫·马里奥特（David marriott）博士和我接到了 NASA 的邀请，让我们从教育工作者的角度为提升他们的团队绩效提意见。当时 NASA 的困惑是，极具天赋的个人为何无法按照组织目标组建一支高效团队。

接下来，我们见证了"阿波罗综合征"典型效应的发生。NASA的团队成员无法就是否按计划举办这场讲座达成一致意见。起初我们的任务是帮助他们，但这项任务还没启动就已经夭折了。因为已经签约，所以尽管项目没能启动，我们还是收到了一笔赔偿金。

成功的"阿波罗"团队

有些"阿波罗"团队能够取得令人满意的成绩。这些虽属例外，但还是引起了我们的关注。如果要建立智库型团队，这些例外倒是能够帮助我们找到解决类似问题的方法。

我们曾允许成员按照自己组建团队的想法来设计团队，这样的

⊖ NASA：美国国家航空航天局。——译者注

做法为搭建成功的"阿波罗"团队提供了有效指引。前提是以我们现有的研究为基础，学员已经学习和掌握了关于团队组建原理的课程。各"辛迪加团队"的代表会提名一个超级团队的成员。之后，我们再把剩下的成员们组成为参与竞争的团队。

这些代表在提名的时候，依据的是自己对这些成员的了解，而不是测评结果。当时，他们也拿不到测评的数据。以"阿波罗"团队的严格定义而言，六个超级团队中只有一个可以算得上是"阿波罗"团队，最后，这个团队获得了第三名的成绩；另外三个团队离我们对"阿波罗"团队的定义只差一点点，其中两个获得第一，一个获得第三；剩下的两个非"阿波罗"团队最终赢得了比赛。

学员自己选出的超级团队不仅取得了好成绩，而且成功规避了"阿波罗"团队的陷阱。负责挑选的学员运用了团队组建的原理，从而确保了所有团队成员都能为团队出谋划策。超级团队的选拔考虑到了成员拥有的特定技能（比如，在运算、协调或控制方面的能力），因而在期间产生了相互依存的关系。此外，负责挑选的学员对超级团队中的一些不平衡现象进行了深入思考，并逐步意识到这可能正是"阿波罗"团队的症结所在。

有一次，一个负责挑选的学员推荐了一位成员加入超级团队。这名新成员总是有出人意料的言行，能够缓解团队中的紧张情绪。他曾经是威尔士国际橄榄球队的前锋，很喜欢搞恶作剧。正如先前预料的那样，这位选拔者的先见之明让团队获益良多。又比如，几位很聪明但行为举止不当的学员被排除在超级团队之外，原因很简单，他们带来的麻烦超出了他们所能做出的贡献。通过仔细考虑成员们的个性特征，选拔者似乎能组建更为平衡和成功的团队。这意味着同样的做法也适用于"阿波罗"团队，或类似于"阿波罗"团队的团队。

成功的"阿波罗"团队还有一个特征，那就是：除了扮演"主席"角色的学员以外，团队中没有相对强势的成员。尤其是，当把在批判性思维测试中得分很高的人跟个性量表中果断性评价得分较低的人放在一个团队，那么这个团队就会特别有潜力。唯一的风险是，除非有人主持大局，否则他们不会特别积极主动地工作。

也许，"阿波罗"团队取得成功的关键在于"主席"的特质。一个优秀的"阿波罗"团队的主席，其行为表现和其他成功团队的主席是不一样的。关于这一点，我们会在第五章进一步讨论。至少可以说，由聪明人或不那么聪明的人组成的团队，其领导者的类型和风格应该也是不同的。

尽管"阿波罗"团队可能会有好的成绩，但总体上说，他们的业绩是让人失望的。业绩预测比较困难，因为决定成败的因素差别往往在毫厘之间。至少从技术上讲，"阿波罗"团队通常汇聚了所需的人才，却不知道如何好好利用这些人的能力。

高智商的窘境：成也萧何，败也萧何

让我们先详细说明一下，为什么在其他条件都一致的情况下，"阿波罗"团队的表现会这么不尽如人意。

首先，"阿波罗"团队的所有成员基本上都有同样的想法：把自己的批判性思维运用到教学活动中最困难，同时也是在智力上最吸引人的部分。这个解释来源于观察者的记录，其中对应"提议"和"反对"行为的分数特别高。也就是说，"阿波罗"团队的成员特别喜欢出点子，并指出其他人提案中的不足之处。他们把重点放在了分析和对立分析上。在面临一系列相互关联的问题时，这当然应当是团队活动的重要组成部分，但这样做导致利用资源、收集和交换信息、知识的整理、工作计划的执行和协调等同样重要的一些工作被忽略了，而后者对提高团队工作效率是极为重要的。

有人可能会说，这种解释根本不成立。"阿波罗"团队的成员为什么要约束自己在团队中的所作所为呢？跟其他团队相比，"阿波罗"团队的成员为什么要限制自己角色的发挥呢？

答案也许就在于，我们的教育体系往往会在聪明人身上施加压力。对于"学霸"们来说，只要有一次没拿到第一名，就意味着失败。"成者王侯败者寇"是他们逃不开的命题。为了获胜，同学之间往往会激发出对立的情绪。他们可以不考虑人与人之间的配合以及互补的合作关系，而合作和互补正是一个成功团队所必需的。换句话说，过分强调成为班级里的"学霸"，反而无意间滋生了他们对团队合作的反感。

第二种解释是，过分强调高智商会产生一个可能影响团队绩效的副产品，从而导致"阿波罗"团队的战绩不佳。能否成为"阿波罗"团队的一员，取决于他们在批判性思维测试中是否取得了高分。从运用头脑的角度来看，英文里"批判"（critical）一词有两层意思：一是指智力上是否犀利或是否具有分析能力；二是进行负面的评价。也就是说，一个具备批判性思维的人要能够发现别人的观点错在哪儿，并找出对方思路的缺点或不足。

批判性思维能力强的人，倾向于同时满足"批判"这个词的双重语义。他们的负面特点在一项测试分数上表现出来。这项测试是我们在剑桥大学开发的，名为PPQ[⊖]。测试的目的是发现应试者会受哪些主观因素的影响。例如，测试题会问：在两个名人之间，你觉得哪个更好，理由是什么？每种判断方式都被看成是一个"构想"，个人具有的不同"构想"被证明可以很好地判断应试者更在意什么。

PPQ的测评过程可以显示应试者正面与负面构想之间的比例。在批判性思维测试中得分高的人，其负面构想（由PPQ反映的）的比例也高。也就是说，聪明人能够在这个世界上发现更多的负面因素，因而对世界的看法也显得更加负面。

负面构想是否意味着负面的做法呢？并不见得。负面构想是辨别能力的一部分。为了做出一个有价值的决定，考虑放弃一些不需要的选项也是非常有益的。但负面构想比例太高，会导致人际关系遭到破坏，进而影响团队的凝聚力。

实践中的"阿波罗综合征"

在亨利管理学院的"高管沙盘实战演练"和"团队大富翁"中，对"阿波罗"现象进行了充分研究之后，我们便开始在更广阔

⊖ PPQ：个人偏好问卷。

的世界中寻找它对应的现象。"阿波罗"团队最可能存在的地方是聪明人集中的场所。那些需要招募高学历与高能力个人的高科技单位，特别相信有能力的个人应该得到迅速提拔的公司，以及根据个人的创造力和专长而专门组建的工作团体等，都可能碰上"阿波罗"团队经常遇到的困境。

在医院管理演练中，类似于我们在实验中碰到的困局很普遍。医院中有很多关键人物是会诊医生，重要的决策如果没有他们的参与是不可能完成的。毫无疑问，会诊医生尽管很有才能，但他们参与的会议却以无法顺利达成合理意向而著称。深知内情的人告诉我们，英国卫生部对这一点多少有点反应过度，从而招募了太多行政管理人员。

如果没有高层管理人员和董事会成员智力方面的准确数据，很难分析出一家公司是否容易患上"阿波罗综合征"。可这些数据不是那么容易拿到手的。那些身居高位的人，对于行政考试和智商测验往往持积极态度。但这只是针对那些他们要招募的人员，当测验针对自己时，他们就没有那么积极了。因此，虽然情非得已，对于那些在生产和商业环境中观察到的团队成员，也只能更多地通过推理来判断其个人能力。

在生产环境中，有两个领域是高智力水平的人群汇集的地方。一个是计算机应用，一个是研发。

实际上，我和同事罗杰·莫特拉姆（Roger Mottram）在发现了"阿波罗综合征"以后，很快在以上两个领域内分别展开了团队建设的研究。他研究计算机领域，而我则专注于研发领域。莫特拉姆研究的小型团队隶属于一家大型公司，负责为客户安装计算机硬件和系统。他对这个团队做了测试，发现大部分成员具备高度的批判性思维。最聪明的几个团队也是最不成功的，尤其是当项目经理自己就是团队里最聪明且最富有创意的成员时。不论是在团队内部还是在团队与客户之间，沟通的质量都饱受诟病。如果我们让一个管理能力更强但没什么创意的人来负责项目运作，团队的效率将会明显提升，整体而言，团队的技术和创意能力也不会受损。

那些对研发投入巨资的公司为我们提供了进一步的线索。通过在该领域的实践，对"阿波罗综合征"到底有哪些破坏性特征，我们也有了更深入的了解。那些拥有最聪明成员的团队，对外界赋予的任何组织形态，都会采取最有力对抗的态度。其原因我们至今没有搞清楚。实验过程中，我们并未观察到类似的现象，但那只是因为我们没有模拟外部环境给团队施加的压力。下面的两个案例充分证明了，"阿波罗"团队的状态是：人际关系虽令人满意，但团队成员基本上处于我行我素的无政府主义状态。

> **案例分析**
>
> ### 高智商伴随无组织纪律性
>
> 一个在英国同类技术领域规模最大的研发外包公司，不遗余力地（包括使用测评手段）招募了一批最聪明的技术专家。这么做的确取得了好成绩，公司发展得也很好。最初，组织体系没有任何问题。他们的合同金额虽然不大，但总是源源不断，每个人都在以最合适的方式做出自己的贡献。公司就是

用这种最不正规的方式，达到收入和支出的平衡。技术专家们主要的兴趣在于本职工作，所以很少有人关注如何将外在报酬跟个人贡献挂钩。毫无疑问，大家都在为项目取得成功而努力。

但当公司签的合同越来越多，技术专家们就需要尽量公平地划分职责，这样才能人尽其才。有的项目进行得比较顺利。因为合同的价格是固定的，所以公司在某些合同上基本上都是赚钱的。但同时，也有进展不太顺利的合同是赔钱的。

公司发展经营到了一定阶段，管理层需要发挥更多的行政职能，否则公司就无法达成自己的目标、获得盈利并取得长远发展。所有人都意识到了这一点，但没人喜欢做这些行政事务的工作，以至于需要有其他类型的人才加入，才能完成这些工作。

后来，公司找来了一位经理，其工作经历和个人素质都符合要求。新来的经理很快就开始设计表格，用于收集信息，以便进行财务上的控制。为了更加精准地报价，公司需要记录每位技术专家为每个项目所花费的时间。仅仅依靠会议记录是无法提供具体数据的，但对项目总体花费小时数的估算却可以帮助管理者掌握提高公司赢利水平的所有信息。

但新设计的系统没能得到大家的认可。从一开始，系统就失灵了。那些富有创意的技术专家根本不愿意把自己宝贵的时间浪费在填表上。更糟糕的是，他们认为这位要求提供相关信息的经理是在小题大做，因而对他非常反感。

因为工作受挫，这位经理选择了辞职。公司又回到了原来人人都开心的无序状态。只是那些原本需要这位经理来解决的问题，不但没有伴随着这位经理的离开而消失，反而越来越糟。后来，公司决定找一位技术专家而非专业行政人员来进行管理，不同之处在于，这位技术专家需要具备优秀的组织工作能力。

最后，公司物色了一位很有意思的候选人，他对公司的商业运营饶有兴趣。这个人似乎具备了所有理想候选人必备的品质，而且也被安排到几乎是公司最高管理层的位置上。不幸的是，随着他与日俱增的影响力，即便公司的商业地位得到了提升，在这位崇尚高度组织化的经理和公司那些元老级专家之间，还是产生了越来越大的裂痕。这位经理后来觉得，自己换个工作环境或许会过得更舒心些，因此机会一来就跳槽了。于是，公司又回到了最初的状态。

第二个案例是一家非常重视研发的制造业企业。对于历史悠久且有一定传统的公司，组织性和系统性是备受重视的，从事相关工作的人也有一定的地位。假如在这样一家公司组建一支"阿波罗"团队，又会怎么样呢？

为什么"阿波罗"团队成员对权威、管理、领导和组织总显得紧张兮兮的呢？我们很难在基本的人物个性层面找到答案。对具有高度批判性思维的人所做的测试结果表明，这类人个性覆盖面非常广，内向的、外向的、强势的、隐忍的、焦虑的、平稳的，等等，一应俱全。

被层级架构绑架的"阿波罗"团队

案例分析

这家大型企业下辖几个半独立的分公司，每个分公司都有自己的研发投入，同时也共享公司的中心试验设施。在其中一家研发投入尤其巨大的分公司里，有这么一位科研专家，能力非常全面。研发部门对那些事关全局、偏重管理类的问题总是纠缠不清，他的观点在处理这类问题的时候变得尤其重要。同时，这位仁兄也有点喜欢不按常理出牌。对于这样一个人，把他放到领导岗位上，应该比让他在一旁发表批评意见要好。

结果，在现任还没有离职的情况下，他就被提拔到很高的职位。这时，管理层突然意识到，需要在分公司内部或在总公司中为他开辟一条职业发展的通道。他还很年轻，还可以考虑在研发部门之外发展。但另一方面，因为他的级别较高，一时很难找到合适的职位。从职业规划的角度来说，他需要一个比当前工作更有职权的岗位，以承担更多的责任。

在我短暂离开公司返回后，我向人打听了这位朋友的去向。他确实离开了研发部，在公司的共享中心实验室找到了一个岗位。之所以这么做，是因为他拥有的研发经历价值巨大，不能浪费，要让他去开发更多的领域。

当然，关于他现在的岗位我很想了解更多。不过，最后答案却是令我惊讶的："在中心实验室，他将是研发经理的高级搭档。"他是实验室副经理吗？"确切地说，不是。但我也不是说他不是副经理。他做副经理的差事，但头衔不是。那里的科研专家只会认可研发经理的权威，任何位置低于他的人都不可能得到认可。这就让事情有点难办了。总得有人做这份工作，但又不能用副经理的头衔。"

"阿波罗"团队的内部互动

聪明人过于看重人的聪明，由此产生的种种困局导致了一种可能性。在批判性思维测试中得分高的人，明显地表现为容易受 PPQ 测试中"思维"构想因素的强烈影响，尤其是那些负面的思维构想因素。换句话说，高智商的人的表现是：既崇拜聪明人，又不待见笨蛋。

这种尊重聪明人、渴求聪明人的心态，会给团队造成困局。如果招来的同事符合要求，他们可能会突然发现自己对团队的贡献跟新来者是一样的，因而两人形成了竞争的关系。这容易导致个人定位的缺失和角色的混淆。对领导力的质疑又进一步使问题越来越糟。对批判性思维能力较强的人来说，由于他们的观点受到"思维"构想的控制，其领导力通常意味着能够分析问题，并找到相应的解决方案。在那些聪明的普通团队成员眼里，领导者的角色跟自己的角色之间的区别就几乎为零了。

经理人有能力也有点子，认为自己有责任去做决策。他们跟以智力见长的成员可能就会直接产生矛盾。相对于分析，经理人更在乎的是整合。他们面前有一大堆未被分析的原始信息与资源，因此经理人的核心工作是尽可能做出平衡的决定，同时将所有相关因素考虑在内，包括人性的因素。经理人必须是聪明人，但这并不是对经理人的最基本要求。

如果"阿波罗"团队的成员觉得自己具备领导角色的某些素质，但又无法在更广泛的层面释放这些素质，他就有可能对团队的有效运转起到破坏而非建设性的作用，他们提出的问题就很难得到解决。因为辩论才能是不可能把大家绑在一起的。在这种情况下，辩论才能只会加剧团队的矛盾和分裂。

"阿波罗综合征"是团队中的一种现象。团队成员之所以入选，是因为他们都有很强的分析和判断能力，而这些倾向往往导致团队最终整体业绩不佳。批判性思维能力较强的人，创造力未必出色。但高水平的智力确实代表着创新能力。

"阿波罗"团队里可能有大量具备"金点子"的人，但这个团队并不是成员们展示、发挥才华的最佳场所。因此，"阿波罗"团队绝不是创造性的团队。

小结

- 出人预料，"阿波罗"团队的业绩通常最差。
- 高度竞争、相互诋毁、相互挑剔，毁掉了团队的成果。
- "阿波罗"团队的成员更喜欢思辨，却忽视了其他重要工作。
- 成功的"阿波罗"团队对团队组建有着清醒的认识。

第三章
同质化的团队

实验中，我们借助测评工具审视了团队成员若干个维度的性格特征，通过调配这些变量，为打造具有特定个性的团队奠定了基础。在"高管沙盘实战演练"中，我们认识到，普通意义上的智力水平，并不像原先设想的那样可以带来决定性的优势，性格方面的某些因素可能更重要。但由于性格评价相对困难，这个因素起初被忽视了。所以，将性格相似的成员组成团队进行实验是必要之举。

团队的同质化倾向

理论上，根据个性将经理人分配到特定的团队中去，这本身是件很有意思的事。然而，我们并不仅仅是纸上谈兵。在学术味浓重的象牙塔外，个性相同的人往往会聚到一起，原因是具有特定个性的人往往会选择类似的职业。如果把他们提拔到具有一定管理职责的岗位上，这些管理团队的成员很可能有许多共同之处。

这种倾向在选择性同质化原则下被进一步强化了。选择性同质化原则认为，几个相关的因素会导致公司遴选某种特定类型的人。其中一个因素就是，经理人很自然地会以自己为理想模板来招聘员工。性格稳重、温和的经理很可能把稳重和温和作为核心要素，而智力超群、充满创意的经理人则认为，像自己这样的人才是公司有效运作的核心。我们把这种倾向称作"克隆文化"。实验的结果也逐渐揭露了这些严重同质化的团体内部存在的严重问题。

在第二个，也许是更重要的因素的作用下，这种同质化的倾向变得更加严重了。从企业文化方面来说，任何一个用人单位都倾向于偏好某一种性格类型的人。特定类型的行为在一个单位可能会赢得接纳与欣赏，在其他单位则可能会受到排挤。大家都意识到，这种现象非常微妙，很难写到纸上，但几乎所有的招聘负责人都能对什么样的人适合加入自己的团队达成共识。这种现象导致了"克隆"的出现，让可选的团队角色变得越来越有限。

但是，要招到符合标准模式的员工，压力的确非常大，所以，有些经理人对此产生了抵触情绪，进而故意在招聘时睁一只眼、闭一只眼。他们认为，任何人都能在公司内部找到属于自己的空间，即使是那些个性与众不同的人，也应该在公司里有一席之地，前提是他们必须能胜任。

性格和职业的相关性

通过性格测试，我们可以更清楚地了解经理人的性格组成，并且依据外向/内向和稳重/焦虑等基本性格类型（参阅第 36 页图解），把他们划分为四大类，这四大类和大家熟知的管理工作也有关联。

稳重外向型：善于从事外联工作以及需要与他人合作的工作。因此，让他们作销售代表，或负责人事管理，他们的表现会很出色。

焦虑外向型：他们通常能在工作中保持高速运转，并且给别人施加压力。焦虑外向型似乎在销售经理、车间主任和编辑人员的岗位上具有一定的职业优势。

稳重内向型：如果需要在一段时间内和一小群人保持良好关系，此类人往往很合适。他们担任行政人员、律师、中央或地方政府的官员，以及负责在企业内部制订公司计划可能会很成功。

焦虑内向型：此类人适合那些需要自己寻找方向并要求自我坚持的岗位。这类人在研究人员和需要完成长期任务的专家当中很常见。有些富有创意的人也属于这个类型。

同一职业群体里的个人性格是各式各样的。但有意识地创造同质化的团队，就等于从同一个职业领域里挑选团队。不出所料，在"稳重外向型"团队中，来自营销和人事部门的人员过多，他们经常找不到拥有计算技能的成员，在工程类或研发类部门也找不到能够加入该团队的成员。对于"焦虑内向型"团队，除去我们预留的研究人员的配额以外，还能挑出几个会计作为合乎标准的成员。"焦虑内向型"团队的问题在于，团队中计算能力出众的成员过多。

"焦虑外向型"团队和"稳重内向型"团队都具有非常鲜明的特征。"焦虑外向型"团队很容易组建，因为其中包括覆盖各部门职能的人选。最突出的是总经理，其次是行政服务部门的经理，还有少数几个银行家。但不知什么原因，符合"稳重内向型"特征的团队成员总是不太容易找到。

很难在为高管开设的培训课程中找到"稳重内向型"人才，或许意味着不会有太多类似性格的人上升到管理层高位，也可能是他们不愿意参加管理类课程的培训。实际上，这两种可能性并不相互排斥。纯"稳重内向型"的员工尽管在工作时很能干、很有效率，但也很容易陷入被动和自满。这会让他们误认为自己并不需要通过管理培训课程来为自己充电，因而降低了自己晋升到高管层的可能性。

高智商的人属于例外。尽管他们不具备一般意义上管理人员的性格特征，对取得成就的渴望也不强烈，但他们似乎会受到好奇心和对优越智力追求的驱使。这使得他们的战略性思维有突出表现。

尽管这四种团队在职业背景和智力水平上未必均衡，但他们都有自己独特的个性。无论是在"高管沙盘实战演练"还是"团队大富翁"实验中，即使环境和要求不同，这一点都能够显现出来。

在"高管沙盘实战演练"中，借助独立观察员，我们获得了非常丰富的记录和报告。但在"团队大富翁"实验中，我们不得不依靠自己的观察，再以团队最后一天共同做出的汇报为补充做出结论。作为自我评估活动，参与"团队大富翁"实验的学员都能深刻洞悉自己和同事们，经常颇有喜剧效果。通过观察，我们逐渐梳理出这四类团队倾向于采纳哪些典型的工作风格，并且最终描绘出一幅完整的画面。

同质化团队的成与败

完全把某一性格类型的人放在一起组成团队，会引发极端的行为和效果。一般来说，完全由外向型的人组成的团队，要比完全由内向的人组成的团队成功概率更高。不过，实验的结果千差万别，每个团队既有自己的优势，也有无法克服的问题。

同质化团队实验

表现特征

稳重外向型团队

　　一团和气；喜欢合作；方式多种多样；善用资源；但有过分乐天派和懒散的倾向。

　　业绩：整体不错，成员间相互依赖性强。

焦虑外向型团队

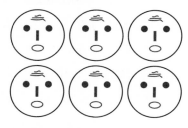

　　富有活力，有企业家精神；善于把握机会；会有建设性的争吵；注意力容易分散，有时会偏离目标。

　　业绩：在迅速变化的环境中表现优异，但在其他情况下不太可靠。

稳重内向型团队

　　擅长规划；组织能力强，但是动作缓慢，容易忽视出现的新因素。

　　业绩：通常表现平平。

焦虑内向型团队

　　能够有好点子，但往往过于专注；团队整体缺乏凝聚力。

　　业绩：通常表现较差。

各种类型团队的长处

通过同质化团队的演练实验，我们对接近现实环境的情形下团队业绩如何有了初步的认识。但在两种实验中，团队的表现是一样的，这首先说明，不存在完美的团队。相反，不同的团队会遇到不同的障碍，或者团队表现优异的场合是不同的。

"稳重外向型"团队在"高管沙盘实战演练"（见第八章）中成绩优异，其他三个团队的成绩差别很小。"焦虑外向型"团队比"稳重内向型"团队稍好一些，而"焦虑内向型"团队常常成绩垫底。他们的成绩即便超过平均水平，一般也都是因为个别明星队员表现突出。在"团队大富翁"实验中，"焦虑外向型"团队比"稳重外向型"团队更成功，而这两组都比"稳重内向型"团队和"焦虑内向型"团队的表现好。

尽管导致在"高管沙盘实战演练"和"团队大富翁"两种实验中取得不同成绩的原因应该是两种实验的要求不同，但除此之外，还有其他一些重要因素。在"团队大富翁"中，最终的结果取决于实验的操作方法。节奏可以加快或减慢，危机可以避免或者引入甚至扩大。所有这一切都能通过控制产生压力的那些外部事件的时机得以实现。总之，如果空余时间（即没有危机的时间）较长，内向型团队就会占优势，因为他们更容易让那一段时间发挥作用。但效果如何取决于当时当地的情形。

如果在实验关键环节之前有长时间的间隔，可能会给"稳重外向型"和"焦虑内向型"两类团队造成麻烦。"稳重外向型"团队在长时间风平浪静的时候会很难集中精力，而"焦虑内向型"团队在这样的教学活动中会全情投入，对于突然出现的危机会惊慌失措。

在澳大利亚进行的一次"团队大富翁"实验中，我们使用了一个很大的房间。房间尽头有一张斯诺克台球桌。"稳重外向型"团队选择的会议室就在台球桌附近。成员们往往在应该去做自己团队工作计划的时候，忍不住要到台球桌上尽兴玩一番。而"焦虑内向型"团队在最初的规划阶段表现得过分认真，在遇到需要做决策的两难局面时，他们会立马陷入困境以致难以自拔。

在澳大利亚的另一次研讨班上，我们加长了最初决策阶段的时间，让他们来研究最初拍卖和竞标环节的策略。一个"焦虑内向型"团队全神贯注地研究复杂的局面，以至于连拍卖和竞标活动都没心思参加。

当团队经历了自己的第一次危机或困局反转时，一段长时间的风平浪静对内向型团队更为有利，但对外向型团队则显得不那么有用。"稳重外向型"团队对自己过往的失败并不那么在意，他们能够保持乐观，继续关注接下来可能发生的事情。新近的失败不会对他们造成心理上的影响，因而也就降低了从中吸取教训的能力。

反之，"焦虑内向型"团队总能牢记挫折所带来的教训。错过首次拍卖和竞标的那个团队后来变成在守时、细节和其他需要精准操作的环节最为谨慎的团队。在"团队大富翁"实验中，内向型团队往往在开场阶段不善于从谈判中把握机会，但如果有足够的时间来考虑，他们很容易就能在谈判中扭转局面。团队成员虽然在谈判技能上不那么出色，但随着时间的推移，都能成为非常坚定的谈判者。

各种团队在短暂危机中的表现

我们在"团队大富翁"中引入了一些环节，营造出短暂的危机。（在规则允许范围内）强行收购未被开发的房产，同时安排一些打乱现有组织和有效利用资源的活动，这给内向型团队造成的困扰超过了外向型团队。这种情况下，"焦虑外向型"团队和"稳重内向型"团队的表现便形成了鲜明的对比。

"焦虑外向型"团队的行为举止永远都那么喧闹，甚至有些疯癫。但他们这种疯狂状态面对实验的客观情况时，显得更加精力充沛、热情四溢。他们不介意以个人的方式当场做出决定，之后再去梳理所有这些决策之间的不一致和矛盾之处。实验的每个环节都充斥着争辩和相互谴责。其实，他们这么做的危害看上去没有那么大，反而有助于找出问题的核心，对最后的成绩起到了至关重要的作用。

但在心理层面上说，"稳重内向型"团队则处于另一个极端。"稳重内向型"团队似乎完全不受干扰，继续按照自己的基本策略前行，就好像根本不需要根据新情况、新数据进行策略上的调整。因为缺乏"焦虑内向型"的自我怀疑，也没有"稳重外向型"团队作为谈判者对外界的关注，他们很能保持努力的状态，也坚持自己的工作方式。有时候，这种坚持会得到回报，尤其是当他们能够利用以往取得的关键性胜利时。但更多的时候，他们不能与时俱进、认真面对关键问题。这样的团队虽然一团和气，但业绩却不佳。

"高管沙盘实战演练"和"团队大富翁"的差别在于，前者需要进行更高水准的分析、计算、记录和更科学的决策方式，这就让紧密合作变得很有必要，同时也具备任何业务实验的典型特点；而"团队大富翁"则更像现实版的企业，理念、企业家的聪明才智、谈判技巧，都是获得成功的基础。

由此，我们可以看出，一个团队成功与否取决于能否适时抓住机会。所以，考察团队的特性，也需要考虑外界变化无常的各种要求和可能性。

成功团队的特征

尽管我们认识到不同的环境需要不同的团队，但审视胜算率较高的团队的运作风格还是值得的。因为在"高管沙盘实战演练"实验中，"稳重外向型"团队是四种类型里最成功的，所以我们首先研究了"稳重外向型"团队的运作模式。

通过研究观察记录，我们发现，较之其他团队，"稳重外向型"团队的"提议"较多，"反对"较少，而"评论"最多。如果要为这样一个团队画像，就是很多话匣子在一起协同合作，激荡出很多点子。其他三种个性相同的团队则没有显示出非常特别的行为模式。

对记录进行认真研究后，我们发现，"稳重外向型"团队的优势在于，他们擅长进行内部和外部沟通。内部的运营模式一般是下列两种之一：

- 第一种模式的特征是大量的合作。每个重要议题都能得到全面考量，允许每个部门都发表自己的观点。当然，这也减少了团队成员自己做分内之事的时间。但得到的补偿是，他们不会犯大错，工作进度总的来说也是按照正确的方式前进。这种通力协作的倾向在其他几种团队中都没有看到。

- 第二种模式是团队成员更直接地担责。但他们不会让团队成员陷入个人的封闭状态，而是让成员结成对子。这就意味着，没有哪个重要决定是由某个人做出的。结对子的方式比较灵活。偶尔有一个成员会加入另外一对，有时候会互换成员。这样的交换让我们的观察员很难去跟踪现状。总的来说，"稳重外向型"团队总是能找到良好的内部沟通机制。

也许"稳重外向型"团队最重要的能力在于他们善长利用外部资源。在"高管沙盘实战演练"中，我们发现，这类团队利用外部资源的方式不尽相同。通常在活动中期，出现现金流危机的时候，团队可以从银行融资。有一个"稳重外向型"团队委派了一个成员，在还不需要资金的时候就去和"银行家"建立了良好的关系。之后，这个联系人帮助团队以优惠条件得到了所需的资金。其他团队觉得"不公平"，为此还提出抗议，但"银行家"反驳说，他愿意跟自己熟悉的人打交道。

最近几年，我们在"高管沙盘实战演练"中又引入了"工会"环节，"稳重外向型"团队在这个环节的表现也很出色。不良的合同条款会产生压力，影响到员工关系。但在冲突发生之前很久，"稳重外向型"团队就和工会进行讨论，并达成避免罢工的协议。

还有一项帮助"稳重外向型"团队获得优势的资源，就是观察员们的记录。观察员们得到的指示是：他们既不要主动分享他们收集的信息，也不要在别人要求分享的时候予以拒绝。"稳重外向型"团队对发生的一切都感兴趣，因而会根据记录中得到的信息调整自己的风格，从而让团队运作更加有效。

在利用资源方面，给人印象最深刻的是，在利用研究顾问的问题上，"稳重外向型"团队所做出的反应。

**案例
分析**　**"稳重外向型"团队如何利用资源**

汤姆·蔡尔德（Tom Chid）因一个研究项目被借调到了亨利管理学院。他对数学模型如何影响商业运营有独到的见解，能够成为"高管沙盘实战演练"活动中的资源，我们觉得让他加入非常合适。我们跟教学活动组织者达成共识，不让他亲自为某个团队存在的问题提供解决方案，但他可以作为顾问，在教学活动的开头介绍自己可以提供的帮助。顾问的职责和作用，以及到底能够帮什么忙，本身就有些模棱两可。所以，大家都不待见他。有些人甚至认为汤姆太专横，只会帮倒忙。观察记录显示，向汤姆咨询过的其他一些学员对他也是愤愤不平。

"稳重外向型"团队对汤姆·蔡尔德的反应则完全不同。团队全体成员不但积极跟他交流，而且决定专门派一个成员负责和他联络。汤姆因为得到了在他看来很周到的接待，也有积极的反馈。尽管他提供的帮助依然不是那么直接，他提供的暗示、线索和引导最终证明是有价值的，完全值得团队付出那份耐心。"稳重外向型"团队很开心地（根据汤姆的指点）修订了自己的策略。他们并不清楚自己这么做的背后原因，但还是高兴地发现财务状况大为改善，且让他们的财务指标处于领先。虽然没能保持住这样的领先地位，但最终还是取得了良好的排名。

成功背后的经验

这四种个性相同的团队各有优点，但也有各自的弱点。例如，"稳重外向型"团队很容易犯些小错。因为这样的团队本身处事很随和，所以他们不太会去注意或纠正这些错误。正因为团队成员之间有太多的共同之处，无法达到成员多样化团队里那种天然的平衡。不过，同一类型成员组成的团队一般能找到一种适合所有成员的工作方式。

可以说，在产业界或商界，"纯团队"（原文为 pure companies，即由单一个性的人组成的团队）是不可能存在的。即使一个公司希望按照自己的理想来招聘，这么做的难度也比较大，因为偶然因素会让性格各异的人来应聘。相反，有的公司也希望自己的团队文化接近四个基本类型中的某一类，至少在公司内部可以提出某种规范个人行为的统一要求。比如，我们在实验中观察到的典型"焦虑外向型"团队与出版业中的某些报业集团颇为相似；同样，在地方政府部门，我们会经常看到"稳重内向型"团队文化；在研发领域，我们会经常看到"焦虑内向型"团队文化。

事实上，这些部门的员工通常都符合部门对他们的个性要求。但也有时候，情况并非如此。一个单位难免会有不那么合群的人。在这种情形之下，部门内部的行为更有可能符合部门文化的"个性"而非员工的天性。在这一点上，所谓的国民性格不能被斥为陈规老套，因为它反映出陈规老套本身就是这种文化的产物。

这一特征在跨国公司尤为明显。这类企业的价值在于它们可以实现文化的输出，并在输出过程中吸引其他国家的人才，进而让母文化更加进取，保持活力。当然，这一优势也让跨国公司遭到憎恨。人们没有想到的是，一个公司能够取得什么样的成就，其核心就是它的文化。

> **案例分析**　　　**按照"稳重外向型"运作的成功企业**
>
> 　　玛氏公司⊖和它的子公司宠物食品公司是一家在本国之外繁荣发展的"稳重外向型"企业。它是美国的私营企业，但在英国的销售收入比在美国还高。在玛氏公司，员工的收入

⊖ 玛氏公司（Mars Ltd.）全球最大的食品生产商之一，拥有包括德芙、玛氏、M&M'S、士力架、UNCLE BEN'S、傲白、宝路、皇家、伟嘉和特趣在内的众多世界知名品牌，主要业务涉及零食类、宠物类、主食和电子产品的制造和营销，年收入逾300亿美元，全球员工总数65000名，在全球68个国家拥有370个分支和工厂，产品畅销100多个国家。——译者注

很高，而且没有工会。最初，玛氏公司在斯劳贸易园（Slough
Trading Estate）落脚时，其管理风格简直让人震惊。在传统的
英国公司，过度层级化导致管理层思想僵化和缺乏沟通的现象
非常普遍，玛氏公司最初的理念似乎在有意与这种现象对着干。
玛氏公司的办公室采用了开放式布局，经理和普通工人使用同
一个食堂。任何时候如果怀有不满，员工都可以到人事经理办
公室去投诉。开会时可以不穿外套 ⊖，大家彼此间直呼其名 ⊜。
在这样的环境中，开放式管理、自由沟通，以及彼此间称兄道
弟，都大行其道。这样的文化也影响到了公司的选贤任能。公
司鼓励刚走出校门的毕业生积极参与团队讨论，以展示他们优
秀的沟通能力。玛氏公司招进来的员工未必都是"稳重外向
型"，但如果按照"稳重外向型"员工的风格做事，他们就很
可能沿着公司既定的路线，为公司的持续发展贡献一己之力。

  我们之所以选择个性风格相同的团队作为设计管理团队实
验的基础，是因为这些行为参数是可以通过测评来衡量的，而
且我们已经知道这些行为参数对团队的表现有很大影响。但我
们不能想当然地以为，仅依据这四种类型就可以选拔团队成员。
也许还有其他团队类型同样有效和有趣。许多学员根本不符合
任何一个纯团队的入选标准，因为他们并不属于其中任何一个
类型。这倒是值得我们深入研究。

  ⊖ 传统上，英国正式场合必须穿外套。——译者注
  ⊜ 原文中指大家的称呼都用英文名字而不用姓，也不用头衔。这比英
   国传统要求的更为随便。——译者注

"执行者"的性格特质

下面，我们一起来看看，有没有哪一类团队成员是所有成功的团队共有的。方法是在"高管沙盘实战演练"中运用"卡特尔16项人格因素量表测评"（即"16PF"，参见"术语表"）选出成绩排名靠前的团队成员，并将他们的成绩与那些财务指标垫底的团队成员进行比对。

找出区分性最强的因素之后，再把这些因素合并在一起，目的是找出我们想要的那种角色类型。需要给这个角色起个名字，最初我们给它取名为"团队工作者"，后来又改为"执行者"。之所以改名，是因为我们要考虑那些扮演这个角色的人的感受。"团队工作者"这个名字听起来虽然缺乏魅力，但很多受人瞩目的经理人通过这个名字所展现的特色而获得了成功。尽管这个名字表达了对公司的忠诚度，但它并没有表达出需要把创意和理念付诸执行的意思。

相关因素有六个。"执行者"角色很有纪律性，他们喜欢通过有组织的方式，迅速处理工作。一方面，他们说到做到，充分意识到自己对外界的责任；另一方面，他们对自我有清晰的认识，这也赋予了他们一定的自控能力。他们不惧困难，讲求实际，值得信赖，而且宽以待人。此外，他们还比较保守，对现有的条件和看待事物的方式都持尊重的态度。

"执行者"角色并不仅仅是做事情或安排任务（一般的工作都

会涉及这两项内容）。从行为层面来说，他们基本上是为团队工作的人，而不是在追求个人名利。他们也以务实的方式做好自己的本职工作。他们认同团队，只要自己的工作有利于团队的追求和使命，他们就会寻找工作目标，并欣然接受，而且从来不会因为自己不喜欢或不感兴趣，而刻意不去完成工作。

"执行者"这种一丝不苟的处事能力是由其态度和个性共同决定的。相比之下，天资反而成了次要因素。因为严格自律，他们在处理工作时会表现得富有条理。他们的所有天分几乎全部都融入其组织管理能力之中了。

在结构完备的大型企业里，这样的人往往是提拔的对象。具有讽刺意味的是，尽管"执行者"的形象对管理层的吸引力有限，但在执行董事这个层级上，具备"执行者"素质的人和具备其他角色素质的人一样多。"执行者"特质通常是公司的通用能力。有人说，"执行者"性格是司空见惯的，根本就不稀奇，结果，当人们发现"执行者"的素质和企业最高层如此紧密相关时，他们惊讶不已。

这里，我们要指出的是，符合理想"执行者"条件的人比我们想象的要少得多。"执行董事"的定义是，别人不愿意做的工作由他/她去处理的管理者。这一点不无道理。在实际生活中，很多人只做自己想做的，而不愿意去做自己不喜欢的工作。比如，去约束一个吊儿郎当的员工，或者把工作上不达标的人开除，这些都不是什么好事。但在"执行者"眼里，即使不喜欢某项工作，但因为管理职责所在，他也会有条不紊地去做这项工作，而这正是"执行者"

久而久之会获得成功的原因。

如果相关职责岗位上的人在这方面明显示弱，那他就跟我们研究的"执行者"相去甚远。两者都是体制的必要组成部分，都受体制的约束。差别在于，一种人屈服于体制的压力，而另外一种人不仅满足了体制的需求，同时自身也得到了成长。

"执行者"角色的特质一旦梳理出来，我们就开始着手准备验证其有效性了。有两年时间，"高管沙盘实战演练"中参与竞争的团队是根据"执行者"角色的特质来组建的。有的纯团队中所有成员都具有非常高的"执行者"指标，有的则由"执行者"指标很低的队员组成。同时，我们还把智力水平作为实验的控制条件。所以，有的"执行者"团队的智力水平很高，有的则较低。

纯"执行者"团队的局限性

我们原以为这些试验会给我们带来一些有趣的结果。我们想当然地认为，一个由"执行者"组成的团队肯定会有上佳表现。但实际结果恰恰相反。如果说具备"执行者"素质的成员和优异的团队成绩具有相关性，那么完全由"执行者"组成的团队，即使是高智商的团队，也只不过是表现平平。后来，为了再次验证在"高管沙盘实战演练"中得出的结论，我们在"团队大富翁"中对纯"执行者"团队进行了验证，得到的结果大同小异。

尽管我们在实验中得到的结果是负面的，实验本身却并没有失败。在这段时间内，我们有幸碰到了几位优秀的观察员，帮助我们找到了一个方向，来研究纯"执行者"团队的缺点。据我们观察，"执行者"类型的经理人是一个做事有条理、纪律性强、为人宽容、讲求实际甚至有点古板的角色。他们能够接受游戏规则的约束，对要求他们做的事毫不犹豫地全身投入。因此，对一个认真对待这次教学实践活动并力图赢得比赛的团队来说，"执行者"角色无疑是一笔财富。

但众多"执行者"聚在一起就不能形成优秀的团队了。观察员打的分数和给出的意见表明，他们很有组织，也很努力，但是缺乏真正的创意。"执行者"团队一旦把考虑问题的框架建立起来，就很容易变得缺乏灵活性。他们启动的事情都能很认真地去执行，但如果计划需要改变，他们就会不太高兴。他们虽然能出色地完成工作，但工作成效却不尽如人意。

对"执行者"团队的实验研究向我们展现了"纯团队"的局限性。"纯团队"会彰显出自己的某种特质和风格。如果面临的局面和这种风格相匹配，"纯团队"是有可能成功的。事实上，没有哪一种特定的情形和需求会一成不变。团队面临现实考验的时间越久，就越要为各种问题和情况做好准备，也需要团队里有足够的资源去迎接挑战。

本章中的实验揭示出由特质相似的人组成的团队具有特定的优缺点。接下来的问题（也将是整个研究的关键）是"如何扬长避短？"

小结

- 我们创建了由单一性格的人组成的"纯团队"。

- 换了场景，各团队都能成功。

- 个性风格相同的人组成的团队或"纯团队"有自己的优点和缺点，会成功，也会失败。

- 所有成功的团队都有"执行者"这个角色，但纯粹由"执行者"组成的团队却注定是失败的。

第四章
有创造力的团队

　　一般情况下，"执行者"会在创造力、灵活性和大局观上存在缺陷。一旦观察到"执行者"角色的局限性，我们就要马上考虑如何弥补他们的不足。

　　为了打造一个有效、成功的团队，不仅要有组织性强、效率高的"执行者"，还要有具备创造性思维的人。

　　大多数有规模的企业都有志于组建创新型的团队。通常的做法是考虑改造现有的团队，让它比原来更有创造力。这个领域的先驱是"头脑风暴"，后来，"集思广益"（synectics）和"水平思考"（lateral thinking）等也被拿来作为工具，激发解决问题的建议。现在，激发人们提建议的方法可谓多种多样。如果一个团队容易受到"阿波罗综合征"的影响，对各种建议过于挑剔，那么这些方法就值得推荐给团队使用。

　　但源源不断的建议在多大程度上可以被看作是创新型团队应有的特征呢？长期以来，似乎可以说，源源不断的建议和创新型团队之间是互为标志的。创新型团队离不开源源不断的点子，而团队成员对产出的贡献越多，团队成员个人对过程目标的参与感和认同感就会越强。

在对"高管沙盘实战演练"的观察记录进行了认真研究之后，我们对这种做法的好处产生了一丝怀疑。有的团队确实因为缺乏源源不断的点子而受阻，但这些都是例外。相比之下，在"高管沙盘实战演练"中，没有任何证据表明团队因提出更多的点子而取得了更好的成绩。事实上，实验中最成功的团队在这一点上的得分要低于平均水平。他们似乎只需要几个好的建议，然后便采取适当的行动。

这促使我们从产业界寻找实例，看看那些为了提升创造力特意打造的团队表现到底如何。我们发现，反复出现的一个现象是，团队没有能力好好利用提出的点子。于是，我们进行逆向观察，结果发现很多在实际工作中有重大突破的案例。这些案例给我们留下的深刻印象是：团队甄别建议的过程非常简单。并不是所有团队成员都能提出建议，往往是个别成员有了关键性的好建议，团队如果认可，便付诸实施。

在这里，有两点是一目了然的。首先，点子的多少并不重要，重要的是团队提出的点子要有价值，才可以带来成功。如果我们鼓励团队成员进行"创造性思考"，从而产生许许多多的点子，那么真正的好建议往往会淹没在一大堆相互矛盾的观点之中。其次，好建议的产生有一个过程，团队需要对好建议进行演示与合理性评估，最后付诸实施。简单地说，只要天时、地利、人和撞在一起，团队自然就会产生创造力。

如何激发团队创造力

受上述想法的启发，我们对在哪些条件下可以带来团队创造力提出了几个不同的假设。很显然，鼓励每个团队成员都具备创新思维反而会引发新的问题。主要问题是如何去芜存菁，最终找到值得采纳的一两个建议。其实，最容易被接受的做法是做减法，对几个最强势的成员提出的建议进行整合。实现妥协的过程很快就演变成平息和缓和矛盾的过程，至于究竟是反对哪条建议还是反对把互不兼容的建议进行整合，倒成了次要的问题。为了避免这样的风险，有人主张组建两个团队，一个负责提建议，一个负责对建议进行评估。这么做是有好处的，但对日常工作而言，似乎过于复杂。

鼓励所有成员参与"提建议"这样雷同的工作，对人力资源来说是一种浪费。可代替的方案是，引导团队更好地理解和发挥成员的个人才能。有的成员确实具备能够创新的潜质。如能充分认识和利用这样的才能，就不会产生大量无用的"噪声"，进而避免对所有的点子进行甄别。一个原创的"星星之火"可以引发一系列的新思路，而在新思路产生的过程中，所有成员都可以发挥作用。至于最终形成的建议是否得当，判断的过程可能非常简单：由某个判断能力成熟的成员负责就可以了。

识别创造力潜质

现在的问题是，如何从一开始就找到那个具备提建议能力的人。在"高管沙盘实战演练"中，通过观察记录可以看出哪些人提出的建议最多，但没办法知道这些建议的质量如何。于是，我们启动了一个系统，记录哪些建议得到了采纳、哪些建议被搁置了，这样一来，就可以甄别出哪个成员的提议最富有成效。遗憾的是，有的观察员不知道该如何使用这种方法，尤其是在团队的讨论失去控制和方向的时候。所以，这个标准化的做法最终还是被放弃了。不过，我们已经拿到了足够多的数据，能够找出提议最多的人和被采纳建议之间的联系。这种联系告诉我们，如果我们把提议比例最高的人看成是最富创造力的人，那么距离找到答案就不远了。

借助这种方法，我们针对具备创造力倾向的人制作了创造力成员样本，然后，对这些样本成员的测评记录进行分析研究，甄别出一系列区分性特征，结果发现，别的探索者早就发现隐藏在这些数据里面的宝贝了。我们梳理出来的区分性特征和现有的"卡特尔创造力素质公式"完全吻合。于是，我们直接把用作甄别创造性人才的"卡特尔公式"照搬到我们的实验中来，确保我们要组建的所有团队都具备创造性潜质。

雷蒙德·卡特尔 (Raymond Cattell)

雷蒙德·卡特尔 1905 年生于斯塔福德郡（Stafford shire），1973 年于伊利诺伊大学退休。他是伊利诺伊大学的心理学教授兼性格和团体行为研究室主任。他的教育全部在英国完成，获得了伦敦大学化学学士和心理学博士学位，由于他对于科学工作的广泛贡献而获得了科学博士学位。他最具影响力的工作来自于其在美国时期的研究，巅峰时期曾荣获纽约科学院的 Wenner-Gren 大奖。有十几项智力、性格和临床等测试都以他的名字命名。他在退休前出版专著 22 部，论文 235 篇。

1998 年卡特尔去世后，很多人都悼念他，更有很多人继承和发扬他的事业。他的功绩会在今后得到更多的肯定。以他的名字命名的性格量表对于所有的性格理论都有影响。后来者都是站在这位巨人的肩膀上进行研究的。

相对于其他人格测评方法，卡特尔的"16PF"因其对行业分类的影响而得到广泛和深入的研究。关于创造力，卡特尔的方法是，找到大量在其特定领域内以出谋划策著称的人，这些人涵盖了科学和艺术的各个领域。他成功地说服这些人进行了性格测评，然后将测评结果和普通人的结果进行对比。在总共 16 项指标中，有 10 项和普通人不一样。其中，智力水平与亲和力强都有较大的权重，还有三项属于内向型的性格。富有创造力的人更强势，更敢做敢为，更有想象力，也更激进。

在运用"卡特尔公式"为典型的"谋士"画像之前，要考虑一个基本问题。大家一般认为提议能力和可度量的智力水平是相关的。"卡特尔公式"尽管认可这种关联性，但对此还有更多的认识：一个富有创造力的人具备鲜明的个性特征。这些特征属于其性格内涵的一部分，并且不取决于智力。

尽管"卡特尔公式"和我们观察到的团队中出谋划策的人的数据相吻合，似乎还是有必要用我们即将组建的团队对这个公式进行更全面的验证，以此来检验根据实验做出的预测是否准确。

团队创造力实验

我们开展了一系列实验，目的是对个人的创造力进行预测。预测是在心理测评特定项目的基础上进行的。方法是挑选出智力水平综合得分最高的人（此处采用"批判性思维指标"和卡特尔量表中的"创造力素质"），将每个入选者放到不同的团队里，且由一个独立观察员负责记录他的行为。观察员并不知道实验背后的假设。实验结束后，观察员会给我们提供每个团队里六个成员提建议的总得分。这些分数会按照提建议的次数从多到少进行排名。

我们依据心理测评结果，把那个最具创造力潜质的核心成员称为"智多星"，他是出于实验目的被"植入"到团队中的。从技术层面上看，我们需要入选者在"批判性思维测试"方面的得分不低于 80 分、"创造力素质"方面的得分不低于 98 分。在某些案例中，入选者可能刚好没有达标，我们把他们称为"次级智多星"。那些超标的人选者，我们称之为"超级智多星"。但无论如何，我们尽可能让每一个团队都拥有一个聪明的人（"智多星""超级智多星"和"次级智多星"）。在整个实验过程中，我们共组建了38个团队，植入了38个"智多星"（或类似的人）。"智多星"的身份并未提前向其他成员或观察员公开。

得出的结论验证了我们的预测。在38个团队中（每个团队有6名成员），有13个团队的"智多星"提的建议最多，12个团队的"智多星"提的建议数量排名第二，3个团队的"智多星"提的建议数量排名第三，只有1个团队的"智多星"提的建议数量排名第四，8个团队的"智多星"排名第五，只有1个"智多星"提建议的数量是团队里最少的。很显然，整体趋势符合预期，吻合程度之高也让人印象深刻。这些"智多星"在实验中转化自身工作职责的方式，也颇为引人瞩目。

以前我们曾注意到，不同工作岗位提建议的机会是不一样的。因为角色需要，团队成员中负责市场营销的人提建议的比例最高。接下来是团队的主席，职责要求他去鼓励所有人提建议，自己也需要时不时地提建议。提议数量按高低顺序排列的角色分别为财务、生产和管理服务等，排在末尾的是公司秘书（这个角色很少需要提建议）。从营销人员到公司秘书，提议比例从高到低呈现出一条非常陡峭的曲线。观察记录告诉我们，营销人员的平均提议比例是公司秘书的三倍。

这五个岗位的"智多星"分布相当均匀。我们发现，只有在团队秘书这个角色上"智多星"的数量要高于我们的预期。也就是说，我们在不需要太多提议的角色上"植入"了能够提建议的人，而且比例有点儿高。

"智多星"担任公司秘书这个角色的案例充分说明，一个人在岗位上有劲使不出会发生什么。好几位观察员的记录都印证了这种情形。有一个"智多星"耍了个小花招，把自己的建议阐述得好像是另外一个成员的观点。然后，他经由团队允许，把自己的建议记下来，作为团队计划的一部分。"智多星"在担任秘书时，还有一个更普遍的习惯，就是和主席紧密合作。他们把自己当成主席言论的忠实记录者，同时又借机向主席兜售自己的一些新建议。这些建议之后会正式提交给团队做进一步考量，并且得到主席的认可。很显然，此君的实际素质要远远超过秘书头衔所蕴含的素质。

虽然我们从实验目的出发给每个团队都配备了一个"智多星"，但这样一来，我们却无法对有"智多星"的团队和没有"智多星"的团队的业绩进行比较了。最后，我们还是硬着头皮对两者进行了比较，结果发现，实验结论验证了团队拥有"智多星"的好处。然而，创造力在多大程度上可以看成是一笔财富，还有其他各种制约因素。

好建议并不见得可以得到好的回应，尤其是当好建议很多的时候。一个团队即便有一个以上的"智多星"，工作成绩也并不见得会比缺少"智多星"的团队要好。由素质相似成员组成的团队实际上并没有达到强强联手的效果。这类似于之前提到的纯"执行者"团队和纯高智商团队（"阿波罗"团队），就好比我们在烹饪时，某一种原料放多了，也会破坏菜的口味。

应该承认，在观察员眼里，有些团队确实"非常具有创造性"。由于没有客观依据可以证明这一点（这些团队的提议比例并未超过绝大多数团队，建议也并非来自整个团队。），所以我们认为，观察员记录的其实是那些知道如何用好建议的高效公司。有创造力的团队，和现实商界中一样，并非只包含富有创造力的成员组成的"纯团队"。

在证明了"智多星"的建议比其他人更多以后（至少我们是这么认为的），我们在接下来的实验里开始跟踪"智多星"的行为，结果发现，一些可以改变提议率的方法值得关注。比如，在亨利管理学院先后两次课堂上，我们找来 18 位"智多星"，试图在同一个团队里配备一个以上的"智多星"，看看效果如何。我们给三个团队分别配备了三位"智多星"，给两个团队分别配备了两位"智多星"。这样，只有一个"智多星"的团队，其提议量排名不可能好过第三名。根据成员在各自团队中提议多寡的排序来看，还是由七位"智多星"组成的团队获得第一，由四位"智多星"组成的团队获得第二，另外一个由七位"智多星"组成的团队获得第三。没有"智多星"的团队分别获得第四、第五或第六名。

被误认为是"智多星"的成员——"外交家"

在我们开始能够有效预测团队创造力的同时，还有了一些额外的发现。有些"辛迪加团队"成员被公认为"智多星"，但测评结果却是相反的。对此又该如何解释呢？我们的心理测试是不是漏掉了能够提建议的其他人呢？

我们将那些被认为很有创意却不是"智多星"（根据测评结果判定）的人聚集起来，重新研究了他们的测评结果，发现他们具有一系列明确的共同特征。尽管"智多星"们偏于内向，但这些人的特点明显偏外向。乍一看，我们会以为有两类"智多星"，一类内向，一类外向，好比是同一种类型衍生出来的变体。

但经过对这个新群体的测评结果和行为的进一步观察，我们发现，这样的解释未免过于简单。从"批判性思维测试"的角度来看，"智多星"（至少是优秀的"智多星"）是聪明的，甚至是很聪明的。但这个新团体的分数和普通团队无异。在"个人偏好问卷"测试中，"智多星"和新的创新型群体之间，有好几项"设想"是极其相似的，也有好几项"设想"是极其不同的。对问卷的问题，两个群体的回答五花八门。这也正是他们相似的地方。"智多星"提出的负面设想（即拒绝的理由）要远远高于平均值，他们的设想更多地属于"头脑"和"独创性"这两个类别。显然，他们很看重自己所具备的品质。相比之下，新团体在"头脑"和"独创性"设想类别上得分很低。相反，他们更看重多才多艺。

"16PF"进一步证实了两个团体的差别。在"16PF"中"智多星"特有的亲和力强、性格直率、内向等品质，在新群体里都不见了。新群体更看重成员的交际能力和热忱，测评分数表明成员的焦虑程度也较低。总之，这些被当成"智多星"、但测评结果又不认可为"智多星"的人，可以被看成是好奇的"稳重外向型"。

在理清该群体的特点之后，我们又开始进一步观察该群体的行为。事实上，他们确实很重视新的创意。这个群体的原创能力并不出众，但他们更善于从其他人那里吸收支离破碎的建议，并加以发展。他们尤其擅长在团队之外寻找资源。外联的工作为他们提供了机会，把从外界带回来的新思路，发展提升为团队的计划。由于他们擅长挖掘资源，所以我们称其为"外交家"。

尽管"外交家"和"智多星"在同事眼里都很有创造力，因而人们常常把二者混为一谈，但"外交家"的极端案例还是很明显的。"智多星"是特别具有独创性的角色，但也总是被看成性格古怪、特立独行的家伙。但在测评中表现得很有创造力的"外交家"，却能与人保持紧密的交往，同时擅长利用各种资源。"外交家"角色扮演得越出色，他们看上去也就越像经理人。而"智多星"角色扮演得越出色，他和经理人的形象距离越远。"外交家"能更快地融入团队管理，因为他们的创新方式更契合流行的管理观念。

很明显，两种不同类型的创新者都可以为团队做出贡献。他们的角色是互补的。"智多星"通常会躲在角落里，独自把事情想透，有时能为团队带来制胜的机会。"外交家"则是把问题翻个底朝天，并且利用优秀的沟通技巧，在意想不到的地方找到宝藏。如果团队的主席足够聪明，那么这两种创新性角色都会得到重视，各自的优势也会得到充分的发挥。

小结

- 点子数量多不代表质量就好，但我们需要真正富有创造力的人。
- 聪明且富有创造力的人被称为"智多星"。
- 由太多"智多星"组成的团队业绩反而很差。
- 另一类富有创意的人是从外界获得灵感的"外交家"。

第五章
有领导力的团队

　　大家都知道，改变一个公司命运快速有效的方法，就是更换公司领导。有些人专门和呈现颓势的公司打交道，甚至去接管这样的公司，而通过更换领导来扭转乾坤是他们常用的招数。正是因为公司领导者的角色风格特点对公司的表现能够起决定性作用，所以这种方法得到了人们的普遍认可。领导者至关重要，对团队而言也是一样。

　　正因如此，假如拥有优秀管理团队的支持，哪些品质可以帮助领导者在复杂多变的环境下解决问题，并引领整个团队发挥优异水平呢？这个问题看起来直截了当，但如果我们不首先对其做进一步分析，是无法获得一个清晰答案的。能被团队成员所接受且个人行为与形象都符合人们对领导预期的人，是否就是最好的领导呢？或者说，最能够带领团队在其任期内完成目标的人，就是最好的领导吗？

　　研究表明，选举产生的领导和富有成效的领导根本不是一回事儿。不幸的是，为照顾民主而选举产生的领导者往往未必能够最有效地完成目标。如果一定要二选一的话，从管理的角度来看，只有一个选项：一定要选择有效的领导者。如果一个领导者广受欢迎但工作没有成效，那么团队的气氛融洽未必就是明智之举，因为这样的领导者往往会为了眼前利益而透支未来。

团队"主席"角色的画像

为了从务实的角度去审视领导力，我们对参与"高管沙盘实战演练"的 75 个团队的活动记录进行了研究。我们根据财务业绩将团队分成了优、良、差三个等级，然后仔细查看每个团队"主席"的心理测评结果（每个团队都选出了一名"主席"）。这样，我们就得到了根据业绩分成优、中、差三等的团队领导者的个性画像。

如我们所料，成功团队的"主席"和表现较差团队的"主席"相比，性格上存在着显著差异。事实上，他们在"16PF"上的得分差距犹如天堑。借助这些数据，我们得出一个公式，这个公式也经受住了后续课程中的测试与分析的考验。换句话说，这些团队的财务业绩，很大程度上取决于作为"主席"的那个人自身可被衡量的某些性格特征。

智力和创造力

智力从来都是一个重要的变量。在考虑"主席"成功与失败这方面的差别之前，让我们先想想可以做出哪些合理的推断。衡量的方法中包括高水平推理能力（"批判性思维测试"的指标）。此外，我们还依据人格透视对人的创造性进行区分性测评。我们相信，一个聪明和有创意的"主席"会占优势，但必须牢记，在管理实验中担任团队的"主席"和在现实生活中担任公司和机构的管理者可能会有差别。从后者来看，长期的工作经验及社交能力应该可以弥补领导者在智力上或者解决问题能力上的任何缺陷。

这并不是要否认高智力水平在管理团队层面所具有的价值，其实我们是要强调，分析、判断和创造力等能力，在管理实验中究竟能发挥怎样的作用。既然我们认定这些特质在知识和经验等稳步增长的高度稳定的环境中非常重要，那这些特质应该在复杂和陌生的管理实验中更重要才对。

我们把这些假设变成一系列的预期，并且预测：在教学活动当中，财务业绩最好的团队，其"主席"的智力水平和创造力水平也应该是最高的。相反，在业绩差的团队担任"主席"的人，其智力水平和创造力水平也应该相对较低。

这个假设似乎很符合简单的常识。的确，这个假设得到了各方论证的支持。但事实并非如此。成功"主席"的平均智力水平和创意水平并不比那些不尽如人意团队的"主席"高多少。很显然，管理实验并没有因为过分强调智力水平而扭曲事实。

提出新假设

最有希望的假设化为泡影之后，我们开始思考成功的要素到底是什么。成功"主席"（可衡量）的智力水平至少和他的同事相当，但不会高出太多。亨利管理学院所有的学员高管（包括海外学员、毕业生和非毕业生）在"批判性思维测试"上的平均分是74。成功"主席"得分的最佳区间是75～80。分数在80～85的"主席"业绩稍逊。分数特别高或者比平均分低很多的主席，其所在团队的业绩都很差。

至于"主席"最终能否成功，人格量表中有一系列的人格因素能够产生重要影响。这些因素可以合成为一个公式，我们称之为"成功主席公式"。

成功"主席"的个性特征

成功的"主席"几乎无一例外地具备以下三个主要个性特征：

- 对人充满信任感。成功的"主席"对旁人完全接纳，不会心怀嫉妒或猜疑。
- 性格的基本面相当强势，这在某种程度上，对他们完全接纳旁人的特性而言，起到一种平衡的作用。
- 对目标和目的，一旦承诺就不放弃，具有很强烈的责任感。

成功"主席"的个性还具备其他一系列琐碎的细节因素，其中包括：

- 性格沉稳，处变不惊。
- 讲求实际，脚踏实地。
- 严于律己。

- 天生热情，感染力强。
- 但同时在与人交往中一般会保持一定的距离。

还有一个有趣的现象颇让人惊讶，就是智力水平测量结果出众的人，很少会被任命或选举为"主席"。就好像团队不会选择一个具有整个团队典型特征的人作领导一样。哈特斯顿（Hartston）负责分析对"主席"的测评结果，他对数据进行汇总后，为成功的"主席"下了一个定义："一个有足够耐心倾听别人建议但又强势到可以去推翻别人建议的人。"

后来，我们又通过分析"个人偏好问卷"测评中的构建分数，进一步丰富了成功"主席"的画像。成功的"主席"能更积极地思考（在该测试中很少用负面词语来描述应试者的得分）；成功的"主席"会使用表达赞许的构建品质，尤其是对那些完成了目标和努力奋斗的成员；成功的"主席"往往是性格有活力的人。在所有这些方面，"主席"的得分比其他成员都要高。

在"高管沙盘实战演练"的团队预测方面，"好主席"画像的一整套预测指标在预测中发挥了主要贡献。如果一个在"主席画像"中得分较高的人担任了"主席"，我们就会提升其团队取得优异业绩的预测，反之亦然。

"好主席"画像的出现完全是无心插柳，丝毫没有受到我们最初假设的影响。我们一直在努力寻找区分最能实现业绩预期和最难实现业绩预期的"主席"的最关键因素，最终得到了这个结果。所以，我们最后作出的预测跟我们最初作出的预测存在天壤之别。

智力、沟通力和控制力

智力的影响力着实令人惊讶，因此要做进一步的说明。前面提到过，智力超群或者过低的"主席"成功的可能性比智力平平的人要低一些。但智力和"主席"的角色能力之间的关系绝没有这么简单。在测评中智力水平得分较低的"主席"，常常和低迷的业绩有关联。但如果他们在成功"主席"测评中得分较高，业绩也会比预测的要好。"批判性思维测评"中得分很高的"主席"，除了少数人以外，业绩也不好，但却不太会影响测评中对他的积极评价。换句话说，即便"主席"的智力水平不高，但如果性格好，也是可以弥补的。可是，一个"主席"如果智商高，个性方面的影响就被掩盖了。

我们不可避免地要问，为什么会这样？超高的智力到底为什么会导致"主席"业绩不好？

通过仔细观察，答案逐渐显现出来。比如，在那些不太聪明的"主席"身上，我们发现了两个典型的特征。

首先，因为跟不上讨论中各种论点的交锋，或搞不懂某些复杂的提案，"主席"常常会选择逃会，在团队面临意见不一致时，不能行使自己的权威或聚拢团队。所谓"缺乏和团队接触"或甚至是"缺乏控制"这样的评论，其背后的根源在于无法理解各个建议的本质，或是无法理解建议背后的依据。这样的"主席"给人的印象常常是犹疑不决，因为他们不愿意采取任何个人的立场。这时，团队往往会失去方向，导致分歧悬而未决。

与此相反，"主席"力图控制局面，虽能决断，但方式过于简单。在没有全盘考虑之前，或者针对不同的意见以及相应的反驳提案进行合理的分析之前，他们就已经做出了决定。这样的"主席"总是在找寻迎合大多数人观点的意见，并且急于把这样的意见变成决议。

现在我们再来看看聪明的"主席"。表面上看，相对于自己智力上较弱的对手，他完全占据优势。但他的表现并没有多么出色，而且业绩水平相对起伏更大。也就是说，在几个案例中，业绩不错，在其他的案例中则表现平平，大多数情况下业绩不佳。

聪明的"主席"似乎容易受到两方面的不良影响。各种困难的问题吸引着他们，同时也带来了干扰，他们在控制、组织和对细节的关注等方面的水准都因此被削弱。无论如何，他们的能力都无法得到发挥。犀利的头脑让自己总是领先一步，但正因如此，也容易变得不接地气。他们可以迅速看出别人建议中的漏洞，自己所提建议背后的依据却很难被团队成员所领悟。

在某些情形下，因为聪明的"主席"如此强势，他们的团队变成了实施个人战略的工具。如此一来，沟通完全失效。因为"主席"智力上的优势加上职位带来的优势地位，任何可能的反对意见或谏言都被拒之千里。在自己职责范围内，有的成员观察到了一些可能会不那么支持"主席"观点的事实或数据，但为了"顾全大局"，成员集体失声。"主席"成了孤家寡人，一旦计划受挫，其他成员却感觉事不关己。

智力平平的"主席"处境则好得多。智力方面他们和大家差不多；如果成员们理解不了某件事，"主席"也无能为力。如果他们能够跟得上，"主席"也能跟得上。"主席"与成员之间的沟通完全是自由的。因此，当某个成员明显具备批评或建议的能力时，"主席"能够慧眼识人，让有才干的人发挥作用。即使某个成员才干出众，"主席"也不会感到相形见绌。"主席"的才干在于知道自己该支持谁、扶植谁。

理想的"主席"

综合了解了"主席"的智力水平和性格特征之后，我们逐渐可以为理想的"主席"人选画像了。从我们掌握的理想"主席"数据来看，此类人的特征似乎稀松平常，只是这些特征的组合方式非常罕见，以至于我们很难从候选人中找到完全具备高效"主席"性格的特征组合。即便是符合我们理想的"主席"出现了，他们在某些方面看上去和普通的团队成员也没什么两样。不过，他们的业绩却是很出众的。

要找出具备这种天分的人选很困难，因为这样的人往往看上去与普通人无异。在"主席"的位置上表现出色本身并不是什么成就。但仅仅能做到这一点，与带领团队拿到一流的业绩还是有一定距离的。

成功"主席"画像的启示

至此，还是应该做理性的分析。我们不禁要问：这类人的人品和能力与试验中设定的参数之间存在这么大的差距，那他们为什么会如此成功呢？

为了回答这个问题，我们要看一看成功"主席"测评结果背后的含义。结果告诉我们，当团队面临复杂局面时，团队领导者本人并不会去带领大家穿越问题的迷宫。在上一章中，我们把具备创造力的那个人找了出来。他有可能才是做这件事的人，我们把这类人叫做"智多星"。很显然，与我们的研究结果所揭示的那类人相比，如果"智多星"担任"主席"，也不会给整个团队带来实质性的利好。

那么，这个团队领导者的核心特征是什么呢？简单地说，理想的"主席"应该看上去像个经理人，这个人知道如何利用资源，能够适应不同的人际关系，同时又可以一直控制局面。此外，优秀的"主席"应该在审时度势的同时保持自己的判断力。

理想"主席"的特征似乎也符合经理人的要求，但这两种人并不完全一致。并不是所有的经理人都可以成为理想的团队领导者。有的经理人对团队、委员会或者任何需要团队领导的情景都没有耐心。有的经理人自身能力非常强，以至于下属只能当配角；强势的经理人做出所有决定，向他的手下发布明确的指示。这样，即使很有资历的团队成员似乎也只能根据日常的指令工作（即使经理人出差不在国内时也是如此）。

"主席"型经理人的表现似乎大相径庭。教学活动中的观察报告告诉我们，此类经理人具备独特的管理风格。成功的"主席"和其他成员没有太多不同，但他们不负众望。越是关键时刻，他们的贡献就越突出。这时，他们会发号施令，力图保证全局利益。他们永远都不会让会议失控。当碰到意见分歧，他们会给人以方向感和目标感。

从"主席"到"协调者"

我们渐渐发现，"主席"要想发挥作用，需要的是合适的性格而非职位的等级。"主席"最好要有全局观念，明确团队的方向，为其他人的观点拉选票，而不是独自做主。他们还善于保证所有团队成员发挥所长，而不是靠自己完成所有的工作。所以，我们的"主席"并不是传统意义上拥有至高无上支配权的公司经理人。相反，他们个性沉稳、自信而成熟，拥有比较高的情商和责任心。他们通过对目标和整体动态的良好把握，确保大家可以共同努力。后来，我们变更了"主席"这个团队角色的名称，以便更好地反映这个角色的行为，而非职位。

就这样，"主席"变成了"协调者"（这种叫法的另一个好处是男女都适用）。任何要职都能展示"协调者"的行为模式。比如，团队秘书可以是优秀的"协调者"，通过配合与协同"主席"的工作取得佳绩。不过，由"协调者"担任"主席"的团队之所以会取得佳绩，是因为"协调者"最能总览全局，明确团队目标，所以不受任何其他领域要求的限制，可以自由发挥自己的特长。这样的人可以最好地发挥自己广阔视野所具备的价值，在完成自己角色时不会和其他领导者发生冲突。

一位并不强势的"主席"

案例分析

埃德娜·梅因斯坦（Edna Mainstay）是一位平易近人、讲求实际、办事有人情味的女士，在自己的专业领域身居高位。在她加入我们组建的一个团队时，我们还"植入"了一位恃才傲物的人物。此外，还有一个擅长沟通、头脑灵活、看上去能够在外部良好沟通的成员，帮助团队的工作契合实际环境。通过观察员的描述，这一切都符合实际发生的情况。埃德娜担任了"主席"，该团队的最终业绩相对其他七个对手也是遥遥领先。

观察员并没有说"主席"是如何掌控会议进程的，仅仅透露了她并没有在席间充当领导角色。而团队中的两位重要人物则看法不同，他们认为她在征询意见、分配工作和决断方面的技能全部为人称道，而不是为自己或者相互间唱赞歌。埃德娜后来还参加了我们早期的管理团队建设研讨班，也参加了"团队大富翁"实验。因为成员仅为四人，"主席"的职位往往空缺，团队成员之间需要紧密合作。这一次，她被正式任命为"主席"。和之前一样，她的工作丝毫不显山露水，但每个成员都找到了自己的位置，团队也赢得了比赛。"在我的工作中，我习惯跟委员会的顾问们一起工作，"她说，"我知道该如何最大限度地发挥他们的作用。"

埃德娜的成功，在当时以男性主导的工作环境中显得更具重要意义。在 20 世纪 70 年代，女性高管是很少见的，但从埃德娜的同事对她的认可中可以看出，无论是在公司管理或管理教学活动中，女性一样可以表现得很棒。很有意思的一点是，作为"主席"的她之所以被大家认可，或许正是因为她从未试图凸显自己强硬的手腕，而是以柔克刚。

另一种领导者："鞭策者"

有了在亨利管理学院的实验积累后，我们开设了管理团队建设研讨班，吸引了一些全新的群体，其中有些人身居高位。他们中的很多人是跨国公司的人事经理，还有不少功成名就的常务董事，他们对找到合适的管理团队来管理新的子公司很感兴趣。

在这群高管中，我们预料会有相当多的人符合我们典型的"主席"画像。可没料到，情况并非如此。领导力公式是经过我们认真钻研得出的，而且为了加以检验，在我们预测的公式当中把它放置在了核心的位置。这些预测经受住了检验，虽然不是百发百中，但成功的概率之高足以让我们相信，我们研究的方向是正确的。让我们感到惊讶的是，有很多著名领导者和我们的领导者画像根本不一致，甚至完全没有相似之处。这又该怎么解释呢？

我们首先发现，在管理培训课程中人为构建的团队和外界现实的商业环境和组织中实际运作的团队在领导力方面是有差别的。果真如此，我们就可能是在根据错误的参数进行操作。我们推荐的人可能在人为实验中充当好的领导，但一旦进入现实的团队中就不顶用了，这显然是个危险信号。我们需要证据来证明或者反驳这种可能性。

首先要知道，实验中成绩优异的"主席"在他们所在的组织中工作表现是否出色。我们能够搜集的证据肯定是很个人化和非正式的。我们尤其在意的是定性的信息：他们是否具备特有的管理风格？他们的长处是什么？他们在实际商业环境中的长处跟在我们实验中的长处是否一致？

虽然没有拿到我们想要的全部数据，但关键时候亨利管理学院的人际关系网和小道消息还是相当管用的，我们得到了明确的答案。这些人在工作中展现的能力，正是出自我们在管理培训课程中描述的领导力品质。至少我们可以说，他们在现实世界中表现出的行为，与我们的结论是相当一致的。

接下来，要检验一下我们依据优秀"协调者"画像所推荐的人选。在实际工作中，他们是不是优秀的管理者呢？

迄今为止，我们使用这个方法已经为产业界做了很多工作。依据"协调者"画像来安排管理人选的做法被证明是行之有效的。在计算机应用领域，有好多次现场体验都证明这种做法是富有成效的。公司会根据"协调者"的得分而非经验和资历来任命项目团队的负责人，并得到了令人满意的结果。

> **案例分析** 在现实的项目团队中，"协调者"是如何成功的
>
> 　　在一个塑料企业的产品开发团队，有一个很有意义的案例。当时，这个团队的业绩很不尽如人意。因为偶然因素，项目负责人被调到另一个岗位。新领导来了，但对技术所知甚少，在"协调者"品质上得分也不高。所以让他来接手项目并不是最佳选择。但团队的二号人物倒是具备很好的"协调者"品质。新的领导抓住机会，对他说："你为什么不来当'协调者'呢？我宁可在后面作'执行者'，直面大家的批评。"歪招就这样执行了。重组的项目团队很快就在自己的领域内获得了重大突破，其管理团队的工作被认为是成功的基石。

　　这些证据和案例证明，我们对团队负责人的画像是准确的。于是，我们开始另寻答案，来解释为什么很多高管和我们实验中突出的理想团队负责人不一样。

"鞭策者"

　　现在看来，答案似乎是：参加我们研讨会的很多经理人属于与众不同的高效领导者。他们会在特定的环境内获得成功，并且因此得到提拔。如果是这样，就可能有一组管理者特征，在我们此前的研究中没有显现出来。现在有必要去考虑这些特征。

　　问题在于，我们为每个研讨班学员设置了一个个人咨询反馈的环节。过去我们总是能够说出，某个人的长处和能力将怎样为团队

做出贡献。但对这些出乎预料的领导者，我们很少能提供建设性的建议。我们很难把他们跟我们已知的任何一个必不可少的团队角色相提并论（但在研究后期，我们发现了其他团队角色）。不过，这些领导者的角色和贡献暂时还不能确定。

首先，性格测评结果最初帮助我们搞清楚了这些已经过现实考验的管理者的一些特征，而他们在教学实验中的行为也印证了这些特征。他们都属于容易激动的外向型性格，而且非常注重自身的成就感。

但在很多方面，和我们理想的"协调者"团队角色的特征相比，他们简直是背道而驰。他们喜欢挑战，喜欢争辩，且动不动便持不同意见。他们不愿意被人和事左右自己的行为，而是根据自己的意愿来驱动团队的方向。

因此，我们把这类人称为"鞭策者"。与此类行为相关的还有其他的一些品质——乍一看，这些品质似乎让他们在团队环境中不可能获得成功：他们缺乏耐心，而且很容易受挫。又因为他们比较好斗，所以会让其他成员产生逆反心理。不过，他们会用自己的好脾气和乐观性格予以回击，那样子就好像他们完全在享受斗争一样。

"鞭策者"也非常富有竞争力。在他们眼里，实验的名字就叫赢，至于能学到什么倒在其次。如果团队成绩不好，他们会对规则产生疑问，质疑裁判的公正性。为了完成目标，他们可以不择手段。有一次，在剑桥，一个团队拥有很强势的"鞭策者"，因为看到自己的团队可能会失败，他故意等着竞争团队的成员走出房间，然后一把火将对方制作的工作计划给烧了。

一旦实验结束，"鞭策者"们会把关注获胜的注意力置之一旁，突然对可以指导未来工作的经验教训总结产生兴趣，希望能够借此向团队成员传递信息。团队表现越差，他们的兴趣就越浓厚，尽管他们可能为自己团队（在他们眼里，一般是指团队的另一个成员）犯下的错误痛心不已。

"鞭策者"团队实验

后来，为了深入了解"鞭策者"，我们在"团队大富翁"实验中组建了一些"鞭策者"团队。"鞭策者"团队向研讨班学员证明了团队类型是如何影响团队个性的。无论业绩如何，"鞭策者"团队总是把实验活动进行得轰轰烈烈。在一次为堪培拉政府官员所举办的研讨班上，我们的"鞭策者"团队把黑白两道的手段都用上，花了很多时间成功地干扰了竞争团队的成果。

因为他们政府官员的身份，我们当时相当吃惊，可这和我们在墨尔本的最后一次经历相比就是小巫见大巫了。在教学活动中，因为投标时开销巨大，工作计划缺乏协调，有一个"鞭策者"团队排名垫底，此时他们穷途末路，不得不使出了非常手段。他们找来一支真的手枪，想要绑架拍卖人（结果失败了，因为重新安排了拍卖地点）。他们从银行盗取资金，用这笔钱支付"情报费用"，此外还用武力绑架了获胜团队中的一位女性成员，希望获得赎金。虽然愚蠢，但这种做法也驱散了因为失败所带来的紧张情绪，其娱乐性也为团队带来了成就感。

因为这类团队普遍使用非常手段，我的同事尼尔·斯塔克利

（Neil Stucley）决定给"鞭策者"玩的花招起一个名字。他独出心裁地想了一个名词，叫做"耸人听闻的鞭策者"（a shockery of shapers）。

我们还是回过头来讲对这类团队的研究方法和成果吧。我们主要根据团队成员的反馈意见来挑选"鞭策者"团队。在谈到如何确认"智多星"的时候提到过这样的方法，这些方法为现在全球广泛使用的"团队角色量表"打下了早期的基础。但量表的正式开发是后来的事，所以我们以后再详细说明。

在这个阶段，我们仅仅是使用量表来确定哪些人看起来是"鞭策者"。然后回头来看他们的测评分数，这样我们就可以看出哪种测评数据正确地描绘了"鞭策者"，从而进行预测。从统计数据上看，他们在恐惧感、怀疑感、易受挫和社交能力上得了高分。此外，"鞭策者"喜欢投机而不是兢兢业业，意志坚强，容易有情绪起伏，但在与人交往时不会害羞或者胆怯。所有这些品质都描绘了一个很坚强又容易焦虑的外向型人物，容易因为失望和干扰而过度反应，同时又很顽强，毫不畏惧，与人打交道时从不退缩。

我们把"鞭策者"个别植入团队，还组建了完全由"鞭策者"组成的团队。由此，我们发现了"鞭策者"有一些明显的长处和短处。由"鞭策者"领导的团队一定会获得很好的行动力。如果一个团队容易自满或者有惰性，"鞭策者"可以帮助它恢复平衡，业绩就可以提升。但在本身就很平衡的团队中，"鞭策者"通常会扮演颠覆性的角色，尤其当团队领导者是典型的"协调者"的时候。

总的说来，完全由"鞭策者"组成的团队业绩不是太好。团队会产生自己的文化，在工作中达到高速运转，快速找出所有可能的工作方式，并且把看起来不那么容易出成果的方式立刻舍弃掉。但他们不喜欢合作，依照他们的思路组建的团队迟早会碰钉子。尽管能够围绕目标积极工作，但内部争斗会带来破坏性的后果，导致业绩不佳。在这种情形下，情绪低沉和业绩差强人意会带来双重的打击，让人难以忍受。这时，大家往往会立刻找个替罪羊，数落他的不是，尽情抒发自己的愤慨情绪。

"协调者"和"鞭策者"角色的对比

有效的"协调者"和"鞭策者"画像向我们展示了两种截然不同的领导风格。不管是在教学活动还是在我们负责的产业界研究项目中，有效的"协调者"画像总能带来最可靠的工作成果。不过，亨利管理学院之外的现实版领导者更能展示"鞭策者"的角色特点。那又该如何解释这种看似不一致的现象呢？

可能有两层解释。首先，一个充满活力、不安于现状的管理者，很可能不太愿意到僻静的风景区奇尔特恩来参加为期十周的管理培训项目，反而更青睐为期三天的研讨班。在研讨班上，他可以很快学到有用的东西。几年来，我们确实发现不同群体存在很大的差异。来亨利管理学院的经理人中"协调者"居多，而"鞭策者"则寥寥无几。

另一层解释肯定与整个领导力领域所属的根本分歧有关，即两种不同情境所产生的差异，一种是以命令的方式指挥团队，一种是运作团队的资源，尤其是在团队拥有足够的配置可以解决一系列相互关联的复杂问题的时候。

很多组织在领导力方面都面临着两难的困境，其核心往往是问题的复杂性。除了待解决问题本身的复杂性，还有另一种复杂性——人际关系的复杂性。如果整个局面需要通过各种层次的人员配合来完成，而这些人都遵循自己的规则、规范和所受的约束条件，并且其间还存在着相互的矛盾，就难免会产生组织的惰性与内耗。在面对单位内部这种错综复杂的关系造成工作停滞时，"鞭策者"就会大显身手。他们在提升缓慢运转的系统方面很有一套，甚至可以改变体制发挥作用的方式，从而达到某种特定的成果。只要"鞭策者"对这种情形做出正确的分析，他们就可以起到积极作用，进而促成他们获得晋升。

不同情形下的领导风格

一个关键的问题现在已经很清楚了，那就是，不同的角色在两个不同的实验中各有各的成功之处。在"高管沙盘实战演练"中，担任"主席"角色的"协调者"基本上都能成功，但直言不讳、充满活力且不太沉稳的"鞭策者"则很少有上乘表现。不过，在"团队大富翁"实验中，担任"主席"角色的"鞭策者"往往表现出色。我们调整过的"团队大富翁"实验似乎比"高管沙盘实战演练"实验更契合这类角色的领导风格。

之所以会出现这种差别，是因为两种活动的要求不同。在"高管沙盘实战演练"中，有效的计划和协调是至关重要的，但在"团队大富翁"中，行动和首创精神会以各种方式得到犒赏。计划和协调仍然是有用的，但不像在"高管沙盘实战演练"中那么事关全局。时间越短、处理危机的机会越大、限制获得房地产的手段越严格，"鞭策者"就越能发挥长处。

在设计"团队大富翁"活动的时候，我们将担任管理高层所需的关键技能融入其中。有一条通路是对"鞭策者"的技能开放的。只要依照本性，发挥他们天生的驱动力、耐力以及在高压状态下的谈判技能，他们就能够智取竞争对手。不过，这种智取一旦失利，他们便不能像沉稳的"协调者"那样大局在握、主次清晰，因而也没法给自己留有足够的余地。

车有车道，马有马道；物尽其用，人尽其才。作为领导者，要充分发挥人才在团队中的作用。我们建立了两种领导者原型。一种是能够善用资源、控制局面的"协调者"；一种是能够推动进展的"鞭策者"。"鞭策者"常常会因为团队的拖累而不能成功。很明显，到底选用哪一种领导，应该考虑所面对挑战的特点和团队成员的特性。

"阿波罗"团队中的"协调者"

几乎所有的实验情境都有"协调者"和"鞭策者"这两个角色，但我们的研究最终还揭示出另外一类的领导者。这种领导者最适合带领完全由高智商个体组成的团队，其典型代表就是我们在第二章讨论过的"阿波罗"团队。

　　尽管"阿波罗"团队的表现往往不如普通的团队，但有些情况下，"阿波罗"团队碰上了特别大的困难，最终还是排除困难赢得了胜利。这时候，团队"主席"的角色似乎发挥了重要作用。因此，我们对"阿波罗"团队的"主席"产生了研究的兴趣。他们是更像"协调者"，还是更像"鞭策者"呢？

　　在某一方面，成功的"阿波罗主席"和成功的"协调者主席"类似，那就是：他们都比自己团队成员聪明，虽然只是聪明一点点。实际上，他们比成功"主席"的平均智力水平高一些，因为"阿波罗"团队的智商较高。

　　在其他方面，"阿波罗主席"和"协调者主席"不一样，他们更多地展现出了"鞭策者"的特征。但他们不是真正的"鞭策者"，因为他们缺乏"鞭策者"躁动的欲望去站在前沿带领团队。通过分析心理测评数据，我们发现，"阿波罗主席"最不一样的地方在于，在猜疑和怀疑主义方面，他们的得分要明显高得多。由于在强势程度上稍有下降，且对具体事物的关注转移到了对更宽泛的基本面的关注上，因此在这一点上得到了补偿。

　　这个结果是可以理解的，尤其是借助观察员的记录，我们看清了成功"阿波罗主席"的管理风格之后。"协调者主席"和"阿波罗主席"之间最根本的差别在于，和团队打交道的方式不同。"协调者主席"擅长发挥团队的潜力，他们鼓励发展团队成员各方面的才能，并认识到只有这样做才能帮助团队达成自己的目标。他们善于挖掘通常隐藏于团队个人身上的创造力。但"阿波罗主席"却不像"协调者主席"那样着意于追求人才。他们比较强悍，精于辨别，可以在任何团队内坚持立场，但从不强势。

三种领导者："协调者""鞭策者""阿波罗主席"

我们发现，三种不同类型的领导者都可以卓有成效地完成工作，所以我们有信心借助心理测评工具把他们找出来。"协调者"类型适合平衡的团队，由于他们自身的团队角色的特性，在各个层面上都可以处理多维度的复杂问题。"鞭策者"适合于自身能力强大到可以出色完成工作却碰到内部或者外部障碍的团队。"阿波罗主席"适合于智库型团队。因此，我们认为，有必要用更简单的方法把他们区分开来。

对那些和上面三种类型都不同、且个人特质和特点都很不一样的团队领导者，又该作何解释呢？有些人长期以来已经确立和证明了自己作为团队领导或是委员会"主席"的能力。

早期的实验数据显示，学习是一个过程。我们发现，一种可能性是，一个人在证明了自己在管理领域的部分价值以后，会倾向于在自己没有天分的领域更加努力。而正是这样的挑战提供了新的激励。管理者可能智商很高，并可以做出平衡的判断，但他也可能非常羞涩，不爱出风头，以至于很难想象自己可以履行身处高位时的一些必要责任。但当他被推到前沿的管理岗位上时，倒也表现得中规中矩，但这种表现不属于该类经理天生的行为方式。只要该岗位对他这种做法的要求不是太多，他可以展示出岗位要求的能力特点，有时甚至会表现得很出色。但如果他们天生偏好的模式受到太多岗位要求的压抑，并承受了巨大压力时，他们常常就会开始四处找新工作，或者选择早点退休了。

这种理论适用于一部分，但不是所有成功的管理者。还有的管理者似乎一直在以稳定的状态工作，但工作方式跟我们发现的三种领导风格都很不一样。在我们掌握了多年的第一手实践经验以后，这些貌似反常的管理者背后的原因才真正显现出来。

奇怪的是，答案就是一个人的自我认知。那些明显属于非管理型团队角色的经理人，比如"执行者"，如果能认识到自己的长处和短处，也可以获得成功。"执行者"通常能跟与自己性格迥异的人合作，相互取长补短，所以他们能够很好地发挥自己的优势，同时管理好自己的短板。很明显，具有任何团队角色的个人（或者是具备几个角色的人）实际上都可以担任某种形式的管理职务，只要他们具备充分的自我认知，能够发挥出他们的天赋，而不是要把自己打造成拯救团队的"超人"。

假如一个管理者不是传统意义上的团队领导者，这个人是否具备足够的天赋和条件来领导团队呢？这取决于他是否能够逐渐养成适合自己的基本性格而又令人信服的领导风格，同时也取决于这个人和团队之间的契合程度。在多大程度上他能为团队提供缺乏的特质？关于这一点，我们就需要进一步了解一个好的团队需要些什么，以及从各个成员那里得到什么样的贡献才能够保持团队的平衡了。

小结

- 最有效的管理者不是在智力测试里得分最高的人。

- 我们为最成功团队的领导者进行画像，并且取名为"协调者"。

- 其他类型的团队领导者具有强烈的推动力，但不那么沉稳，有的时候也会成功，这种领导者称为"鞭策者"。

- 领导力是多样化的，可以满足不同情境的需要，比如由"专家"组成的"阿波罗"团队。

第六章

另外三种重要的
团队角色

　　至此，我们已经找到了成功团队的主要特征。

　　有人也许会认为，甄选出最好建议应该是团队领导者的任务。但情况并非如此。前面已经说过，团队领导者的智力水平并不比一般队员高多少，所以，让他来评估和分析由"智多星"或"外交家"提出的建议并不是最合适的。要对相互竞争的方案进行评估，需要一个人具备高度的智力水平和置身事外的态度。在"高管沙盘实战演练"教学活动中，有时候会有人脱颖而出，在关键时刻扮演这个新颖而独特的角色。我们把这样的人称为"审议者"。

"审议者"：天生的优秀裁判

　　在有些案例中，观察员的记录显示，团队中有一个成员，不到需要做关键决定的时候一直不显山露水。一个出色的"智多星"或者有激情的"外交家"可能是团队中有价值的成员，但由他们来评估某个建议的优劣并不是最合适的。团队中其他人也是如此。他们经常会过分考虑对某一个成员是否尊重，或者在气势上就完全被压倒了，甚至缺乏敏锐的头脑去发现某个观点中的关键纰漏。

一个新角色可以填补这个空缺。从智力上看，"审议者"是唯一可以在和"智多星"辩论时坚持自己立场的角色，他可以让"智多星"改变观点，同时又不失尊重。

通过分析这个角色标准样本的测评成绩，仔细观察他们的行为，我们能为"审议者"描绘出准确的画像，并为这个角色建立各种参数。首先，"审议者""在批判性思维测评"中得分很高，尤其是在测评尾声解决有争议问题的部分，表现尤为突出。换句话说，尽管我们在测评中利用人的偏见特别设计了充满感情色彩的素材与情景，"审议者"判断的公正性也不会受到干扰。

"审议者"还具备非常独特的性格特征。从测评数据看，他们严肃认真，小心谨慎，从不会被热情冲昏头脑。他们做决定比较慢，凡事喜欢思虑周全。最有价值的是，他们会综合考虑各种因素，做出最敏锐的判断。最让"审议者"引以为豪的是他们从不犯错。但他们也从不炫耀自己的原创精神和想象力。

从"个人偏好问卷"中的构建分析来看，"审议者"在成就取向上得分太低，说穿了就是缺乏进取心。后来，我们逐渐意识到，这种看起来明显的弱点隐含着某种优势。进取心会干扰判断力。只有完全没有职业献身精神，才能保持真正的公正。

当然，和其他团队角色一样，"审议者"角色也有自己的问题。

对"审议者"来说，主要的问题在于如何展现自己。在性格上，他们会显得了无生趣，让人厌倦，有时候还过分挑剔。此外，他们不可避免地也缺乏魅力和热情。如果"审议者"当上经理，很多人都会感到惊讶。

但是，优秀"审议者"却具备让人赞叹的智力水平和决策能力。很多"审议者"在商业和产业界身居战略性岗位，尤其是在总部的高层能够得到提升。某些工作的成败就在于少数几个关键性决策的谋划。对"审议者"来说，这是个理想的工作领域，因为不犯错的人才能笑到最后。

案例分析　　　**"审议者"是如何进行管理的**

在伦敦金融城有一家老牌公司跟我私交很好，又有长期合作。在这家公司，我深切感受到"审议者"的管理风格。我到这家公司去的目的是要介绍一些新的商业运营方式。然而那里行事的方式比较传统，环境也很保守。

那位经理被称作"师傅"。作为担任这样一个职位的人，他具备小心谨慎的品质和特征。不可否认，他在所从事的领域能力很强，知识面广且思考有深度。对任何改变的提议，只要讲得有道理，他还是会考虑的。

我们每次的会谈总是遵循严格的议程。通常我们只讨论一个问题，而且见面之前双方都做了充分准备。对问题的分析一般会有四个选项，一旦我们决定选择哪个选项，就会依照选项去讨论。

我们之间的会面一般是一大早就进行。我们会逐一讨论每个选项，从不偏废任何一个，对每个提案都会认真加以考虑。如果对一个新方案有任何反对意见，我们都会拿到台面上讨论。即使某个方案当时看起来最没有希望，也不会随便放弃。

和其他经理人不同，这位"师傅"会确保我们的谈话不受干扰。即使我们已经找不出什么论点和反驳的话了，也没有电话或者其他干扰打破这份沉默，偶尔会有人敲门，但"师傅"都不会回应。有时候房间外面会有人排起队，耐心地等着，希望能够有打开门的机会。只有一个人在中间休息时可以畅通无阻地进入房间——一位面带微笑的女服务生送茶水进来。她离开以后，我们会继续重新考虑那四个选项。之后，没准儿会加上第五个，但最终都会回到四个。

在期待已久的午餐期间，我们终于可以转换话题。和之前的讨论相反，午餐期间的话题不受限制，无拘无束。经过一个小时的间歇，我们回到办公室，只要还有时间就会重新考虑下已经熟悉的几个选项。到了下午时段的中间，一般会有一个结论，并且会制定相应的实施步骤与安排。这时，办公室的门会打开，如果访客有耐心从上午等到这个时候，便终于可以如愿了。

有时候，为了更好地理解一个现象，逆向思维会很有帮助。"审议者"的管理风格和凭直觉行事的管理者正好相反。在特定时间内，直觉型管理者会做出大量的决策，这些决定基本上都是"拍脑袋"

决策的那一类。任何用这种方式管理的人可以开开心心地承担决策的风险，但其中有些决策很可能相当不靠谱。相比之下，"审议者"型管理者在同样的时间之内只会做出很少几个决策。但几乎可以肯定，所有的这些决策都是正确的。

尽管"审议者"的人格特征表明他们无法与团队合作，但他们往往能在团队中找到合适自己的位置。尤其当他们对本人和其他人的角色都很清楚时，情况更是如此。推进决策的速度比较慢，并不会让团队合作变得更糟，这种慢动作倒是可以让大家有机会找准自己的定位。

理想状态下，应当由"审议者"而不是"协调者"来担起评判集体决策的重任。建议越多，决策过程就越复杂，这个角色就越重要。

"凝聚者"：团队润滑剂

团队角色之间既然存在如此细致而又重要的差别，那么，让一群形形色色的人有效地进行合作无疑会出现很多麻烦——即使团队中有真材实料的"协调者"。一个原因就是，人们往往不愿意接受最合适自己的那个角色，而其他人的角色看起来却有不可抗拒的吸引力。

这样，如果有的人在某个领域确有能力，但却没有其他人那么能坚持己见，情况就变得非常棘手了。就"审议者"来说，一个天生的优秀裁判，因为动作缓慢，所以不太可能行事直截了当。结果，他们可能会被其他精力更加充沛的人挤出他本可以做贡献的舞台，因为那些人更渴望让自己的结论和判断记录在案。同样，一个腼腆但很有创意的"智多星"可能遭到才能比不上他的人的排挤，因为这些人希望公司按照自己的想法做事。许多团队内部的危险在于，在许多问题上，大家都希望别人倾听自己的建议，而不去留心别人的建议，更不会考虑在自己发表建议的同时，别人在这方面可能更有发言权。

虽然有些公司的员工很容易有这种倾向，但有时候也会有与众不同的人站出来，那么，这样的人就是救星了。他们适当的干预可以避免潜在的摩擦，让一些难以相处的人把能力用在积极的方面。任何具有这种才能的人都可以凭借自己独特的方式帮助团队成功，尤其是当团队中有一个或者几个同事才华横溢却难以合作的时候。

后来我们发现，在这方面也需要一个团队角色。我们找来"高管沙盘实战演练"的观察员帮忙，确定哪些人善于倾听他人的意见，有能力和难以相处的人打交道，以及哪些人可以把团队目标置于个人利益之上，给团队的精神面貌带来积极的影响。

有一种人属于这个团队角色，我们很快把这样的人称为"凝聚者"。一系列心理测评数据揭示了这个角色的特点。"凝聚者"在人际交往方面的得分通常跟外向型成员无异，但其他方面的得分则接近强势程度较低的内向型成员。"凝聚者"类型的人信任他人，性格敏感，"个人偏好问卷"中的构建测试显示他们对人，尤其是人与人之间的合作与沟通具有强烈的兴趣。

为确定一个人的团队角色，我们开发了团队角色测评。有些经理人经过测评以后，因为被认为属于"凝聚者"而感到失望。在他们心目中，"凝聚者"的职责不过就是支持性的工作。

所以，考察了"凝聚者"的心理测评数据和同事们认可的行为特征以后，我们发现"凝聚者"往往身居高层，这一点着实让我们感到惊讶。如果一个环境大部分被担任直线经理的"鞭策者"所控制，"凝聚者"圆滑的沟通技巧恰好是一块瑰宝。如果一个威权型的管理体制内充满争斗、麻烦不断，那么这种能力就尤其具有价值。因此，"凝聚者"型经理被认为对任何人都不构成威胁，相反，他们能够促进团队的利益，很多同仁会很愿意在他们手下工作。

> **案例分析**
>
> ## 一个"凝聚者"型经理人
>
> 在产业界，我遇到过一个很好的案例，主人公就是"凝聚者"型的高管。这个人也恰好是第一个邀请我帮助重组产业团队的人，一直对开拓型团队很感兴趣。"凝聚者"的特征之一就是非常关心团队成员、同事或者员工。
>
> 作为一个大型研发机构的总监，他面临着一个常见的问题：只是偶尔会有一个项目能带来巨大的商业收益，而其他很多的项目虽然投资巨大却不见回报。一般人认为这种局面是不可避免的。让人感到困惑的是，有一个项目团队，虽然经过长时间扎实的工作和研究，却被一家小公司的业绩超过了，对方在相同领域内的投资要少得多。这个历史颇久的团队似乎存在一些不平衡或弱点。

结果确实如此。有那么一段时间，这位总监通过对人员进行重新调配，让大家扬长避短，在一个非常有争议的领域取得了重大进展。他个人的管理风格虽平易近人，却颇具说服力。跟自己的经理们开会时，他发言的时间比通常大家心目中的"老板"要少很多，但他会花很多时间去倾听。其他经理也有样学样，精减了自己的发言。只要他主持会议，会议的风格总是言简意赅。

在非正式场合，他也有自己独到的风格。总是有很多人咨询他的意见。大家认为他有独到的才能，处在公司底层的毕业生都把他当成教练和导师。在公司最高层，有一两个被公认为不好接近的高管也非常信任他。结果，他被认为很有影响力。他能够身处现在的位置，很大程度上是由于他建立了独到的管理风格，既考虑到环境，又能够照顾到自身的个性和能力。

"凝聚者"似乎总能起到团队润滑剂的作用。只要他们在，士气就会更高，大家就更愿意相互配合。有的团队总会有些不合群的成员，这时，一个或者更多的"凝聚者"能够以微妙的方式化解冲突，帮助会议主席更加容易地工作。

"完成者"：完美主义把关人

到目前为止，我们发现了在团队中非常有用的七个团队角色。还可以加上第八个——"完成者"。不管什么时候，能够接手和高质量完成工作都是很重要的品质。"执行者"能够很有效率地完成大量的工作，而"完成者"则能够检查其中的纰漏，确保在工作成果被送出去或得到批准之前做到尽善尽美。他们的动力来自于自己内在对确保不出差错的渴望。自相矛盾的是，他们有可能会觉得完成一件工作是很困难的事情：工作似乎永远都不可能完美。他们完成工作的方式是对工作加以润色修饰，而不是把工作从头到尾看一遍后，迅速解决。

当然，校对和复核的工作，其他团队成员也可以干，但一个人内心如果没有追求完美的真正渴望，是不可能把工作做到像他们一样彻底的。

遗憾的是，这种完美主义的个人品质在人才市场上似乎很缺乏。我们在测评过的经理中很少能找到强有力的"完成者"。此外，如果一个候选人在应聘时被问到这个问题，是很难分辨出他是否具备这种完美主义品质的。我们很容易看到启动工作时的热情，但一旦工作开展起来，候选人是否有能力很好地跟进，则不是那么容易被发现了。再说，面试的时候，"完成者"特有的渴望还会影响他们的面试表现。面试官需要经过努力才能够把他们甄别出来，而一个能说会道的"外交家"或者充满自信的"协调者"找起来就没那么麻烦。

案例分析

"完成者"一将难求

如果说，理解一个团队角色的最好方法，就是去考虑是什么样的原因导致此类人才的匮乏，这里我们就有一个很好的案例。当时我们正在为一家国家航空公司对新入职的毕业生开展上岗培训。我们受邀向 16 名毕业生介绍管理团队角色的概念。这 16 名毕业生是从 300 个应聘者当中遴选出来的。因为他们之前做过包括智力测试在内的很多测评，如同大家预料的那样，这 16 位应聘者在我们的研讨班中都表现出色。我们对他们测试的重点，是看他们的性格特征跟特定团队角色是否具备一定程度的关联性。

　　我的同事比尔·哈特斯顿和我面谈了每一个课程学员，跟他们讨论了测评结果的意义。有的学员在"完成者"角色指标上得分较低，尤其是其中一位年轻女士，当哈特斯顿小心翼翼地向她指出这个事实的时候，她立刻表示同意："我猜想这一点跟这件事有关——过去九年我一直想给自己织一件套头衫，但直到现在都没有织完。"

　　我们的研究发现，糟糕的完工品质跟某些人对细节毫不在乎的态度以及不重视自己的责任有关。如果整个团队都是如此，一定会失败。缺乏"完成者"的团队经常看起来能够达成自己的目标，但往往会在跨越最后的障碍时功亏一篑。

　　在亨利管理学院的教学实验中，出现过很典型的状况，就是小小的计算错误搞砸了一整套精心设计的运营策略。在团队建设研讨班的一项核心教学活动里，时不时地会有团队错过了参加关键拍卖和竞标的期限，经常会在关键的时候迟了几秒。千里之堤毁于蚁穴，老话说的真是没错。关注细节并不是小事。对任何一个团队来说，如果有人能够不间断地跟进细节，那可是一笔真正的财富。

在产业界，我们也有类似的经历，尤其是在新品发布的时候。一个产品的设计很好，但却没能把握住市场机会，原因是上次曾经犯过的错误让它很难翻身。一般情况下，产品发布团队由设计师和营销人员组成，大家都会热情饱满地期待着产品发布的日子。但这个团队缺少的是有人能够在发布前做最后的检查。"完成者"会确保所有必要的检测和保障措施都已经完成，真正让产品做好走向市场的准备。有时候，检测结果会显示产品实际上不可行，需要报废或者重新设计。市场调研或独立的实验室检验报告有可能会提供此类不受欢迎的消息，但不可否认的是，这样的消息可以让整个公司避免灭顶之灾。

案例分析

行业对"完成者"的需求

受到英国管理学院委托，我开办了几次全面质量控制的研讨班。期间，对"完成者"角色的需求充分展现出来。我还发表了一篇关于"质量灾难"的论文，为此，我获得了121项质量灾难的数据。（所谓"质量灾难"，是指由于简单或细小的质量事件而引发了重大的财务损失。）

我们对这些灾难的深层原因进行了研究，结果发现，最主要的原因就是缺乏（对新品设计、材料和流程的）验证。这样的原因占据了36%的案例。

一家制造橡胶丝的公司向我们展示了因小失大的典型案例。他们有一个自动化流程，包括把乳胶挤入醋酸，再通过一个有罩的烤箱拉出，最后用纱线包裹起来。因为天然橡胶的价格上涨，公司不得不寻找替代原料。

跟他们有联系的一家美国公司刚刚发布了一个合成橡胶丝的新产品，价格便宜很多。而且，该产品的物理特性据说还有很多优势。于是，两家公司开始谈判，英国公司很快就拿到了在英国地区的生产许可权。生产线上从使用天然橡胶改为合成橡胶，客户们被告知新产品好处多多。因为急于促成交易，英国公司没有把新橡胶在自己设施完备的实验室内进行彻底检测，而实验室本可以进行加速老化测试的。于是新橡胶顺利地投入使用，结果发现其易老化的特性不符合最主流市场的需求。这导致许多客户提出索赔，导致最后整个项目都报废了，由此造成的损失超过了两百万英镑。美国公司提供了详细的技术信息，没有任何的错误。唯一没有被提及的是这个物理特性。英国管理团队里没有一个人想到，应该把产品进行彻底的检测。

需要有一个视角独到的经理人，能够提前计划，确保每个细节都不被忽视，让细节都能够达到令人满意的程度。于是，我们开始在实验中寻找具备这种素质的"完成者"类型的经理人。这些人很难找，因为很多经理人都承认，在认真研究一个新创意所有令人兴奋的新特点之后，他们就失去了兴趣。但成功来之不易，要想功成名就，就必须在一定程度上追求完美。随着时间的推移，我们逐渐认识到，"完成者"类型的经理人一般都尽力避免参加各种培训和教育课程——但如果进入到成功企业的核心，这样的人并不少见。

我们以"完成者"类型的经理人作为蓝本，建立了一套心理测评的指标体系，这套体系和我们所观察到的行为模式相吻合。这些指标倾向于揭示"完成者"类型的经理人尽管容易焦虑，但也具备高度的自控和自律。在他们团队中的同事很少认为他们是焦虑的，甚至认为他们的性格非常沉稳和镇定。因为所有的焦虑都被他们内化了。

"完成者"类型的经理更多地属于内向型而不是外向型。他们似乎在寻找压力的同时会消化压力，尽管有时候这样做会给他们带来身体上的不适。后来，我们甚至把胃溃疡当成找到有希望符合理想"完成者"经理的标志！通过对"个人偏好问卷"构建因素的分析，我们发现，"完成者"类型的经理人具备勤勉、坚定的品性，但对辉煌成功所带来的光环却兴趣不大。

"完成者""执行者"和"凝聚者"的管理风格往往被低估。我们需要劝说经理人，这几类风格在成功的高管里面是很常见的。但在公众的脑海里，高管的特征不可避免地被扭曲了。

在媒体上抛头露面的经理人天生是那种爱炫耀的人，所以，人们常常会认为他们是高管的代表。但在幕后，很多高管和大家所认为的成功企业家的形象是不符合的。他们的成功来自于更加扎实的性格品质和自律，而这背后则是艰苦、高效的工作作风。

"完成者"类型的经理人一旦进入角色，从不会浪费时间。理想的状态是，他们的品质需要进一步拓展，需要加强交际能力。他们不仅是为了自己追求完美，而是在为团队努力。良好的收尾是无价之宝，在这个领域有所成就的人会很快得到认可，并受到同事们的欣赏。

结论

凡是团队中的有用之人都有自己的特长，既能满足需求，又不和其他人的能力相重合。团队之道在于平衡。团队需要的是相互间能够平衡的一群人，而不是一个面面俱到的个人。这样，人性的弱点可以得到弥补，大家的长处可以得到最大的发挥。

小结

- "智多星"和"外交家"提出的建议需要由一个逻辑缜密、客观公正的角色去评价。我们称这个角色为"审议者"。
- 处理棘手的人事局面特别需要有圆滑的技巧，而这正是"凝聚者"的强项。
- 项目运作的后期，需要收尾和质量控制，这部分工作可以由"完成者"来搞定。

第七章
决定团队成败的因素

根据不同的设计参数创建团队，然后让他们相互竞争。这种实验性的工作让我们有机会观察到更多团队组合。能让我们特意按照失败的团队结果设计创建一个团队，机会真是难得。通常经理学员们不肯也不会这样做。研究设计失败的团队好处在于，能够发现哪些地方可能会出问题，进而提供非常有价值的信息。通过分析因果关系，在现实环境中找到应对措施才是根本。

在考察失败团队的特点之前，先花几分钟谈谈进行此类研究能够解决什么问题。失败的团队，其成员感受到的尴尬程度比成功的团队要大一些。在"高管沙盘实战演练"当中碰到的困难，比"团队大富翁"要大很多。

"团队大富翁"的好处在于自己可以控制实验进度，而参与者仅限于了解团队建设而已，但这本身对我们来说就有很大的帮助。只要时间不太长，失败的痛苦还是可以忍受的。

新组建团队的成员会在午餐前小酌一杯，然后继续干五个小时，到晚餐时，教学活动就结束了。赢得比赛的人喝庆功酒，落败的团队也要喝一杯以排遣失意。晚上，他们就分头行动，准备第二天的演示。

多数情况下，排名垫底的团队都能够以良好的心态来面对失利。不管失败反映了团队组建时设计的失误，还是因为没有好好利用团队的资源，总归能学到些东西。这才是他们参加研讨班的原因。

亨利管理学院的"高管沙盘实战演练"则完全不同。首先，实验的时间跨度比较长。在实验之初，团队建设工作每天都会占一定的时间，而且会持续整整一周。其次，虽然团队建设不是该教学活动的目的，但整个活动中包括团队建设的环节。"高管沙盘实战演练"的主要目的是让经理学员们更加了解"整个决策过程的定量基础"。组团实验只占据了 10 周课程的一部分。对于决定来参加亨利管理学院课程的经理来说，整个时长反映了公司或者机构对其成长所投入的规模。当然，亨利管理学院学员们的职业期望值较高，课程也相对较长。

管理教学实验让他们第一次真正有机会在一个竞争的环境中检验自己的雄心壮志。在这样的环境下，失败可不是一件轻松的事。在"团队大富翁"中，我们设计了几个不好的团队，这些团队虽然表面上乐乐呵呵，但都心怀鬼胎，恣意妄行。在亨利管理学院，情况有所不同。学员向我们施加压力，不允许我们组建失败透顶的团队，在校方看来，最好每个团队都有机会去赢得比赛。我们只好弱化设计失败的程度，所以也就无法把这样的团队作为特定类型的最典型案例。尽管如此，在两种管理实验中，基本类似的模式还是显现了出来。

如果一个团队过去经常垫底，成绩排名常常靠后，而且从来没有赢过，通过研究它的设计，我们可以判断出失败的团队有哪些特征。这个严格的标准意味着，我们不得不把"阿波罗"团队从我们定义的低效团队中剔除出去，因为"阿波罗"团队偶尔还能获胜。他们总体业绩虽然不佳，但并不一定会输。相比之下，有的团队组建得非常糟糕，是因为他们根本无法克服团队成员构成所带来的劣势。

士气——弱相关因素

在收集了持续不成功的团队样本以后，我们研究观察员在"高管沙盘实战演练"中或在"团队大富翁"中的记录，梳理出此类团队的一系列缺点，首先便是团队设计的问题，这些问题为团队的失败埋下了祸根。但我们还发现了一个有趣的现象：不成功的团队未必士气低落，也未必不能合作。一般情况下，失败或者运气不佳会导致士气低落，但士气低落未必会导致失败和运气不佳。有的业绩极为失败的团队开始时士气高昂，甚至快到结束时还有成员说他们合作得非常开心。但在旁观者眼里，他们简直就是"面带微笑走向了谷底"。

在一些团队中，成员之间确实发生过激烈的个人冲突，但这些冲突未必意味着一定会遭致失败。也就是说，士气和垫底之间的相关性很弱。

智力——重要的因素

由于话题非常敏感，现在在本书中谈论"最失败的团队设计"要比当时举办研讨班和管理实验时容易得多。对失败的团队，首要的预测指标就是团队成员普遍智力较低。哪怕团队里只有一个智力较高的人，结果也会大为改观。如果这个人是优秀的"智多星"或"审议者"，情况尤其如此。由此得到的经验是：任何一个团队都需要至少有一个聪明人，不管他擅长分析还是擅长创意，否则这个团队一定会碰壁。

这种泛泛而论几乎适用于所有担负重要责任的管理团队。从成功的商业和产业团队的经验来看，虽然不像我们这里说的这么鲜明，但大体情况基本是符合的。通过招聘大学毕业生（不管学科专业是否相关），公司可以直接吸收智力水平高的人加盟管理团队。我们在下一章会讨论，成熟企业的步伐甚至迈得更大。在招募储备管理人员时，智商测试已经是标准的招聘流程，我们的实验结果也证实了这一点。

有的公司之所以招不到足够高智商的管理人员，并不是因为他们故意要招智力较低的管理人员。这种无意中得到的结果是一种因素的产物。通常仅仅是因为他们在招聘过程当中过于看重某一个因素，而这个因素和智力水平之间存在负相关。

负选择——不可忽视的因素

这里需要解释一下"负选择"这个概念。"负选择"是指招聘流程设计之初，为了达到某种预期效果，结果却产生了非预期效果。实际结果是，公司需要的应聘者在招聘流程中被筛了出去。一个典型的案例是：一家公司业绩不断下滑，要找一位可以扭转乾坤的总经理，但同时又坚持认为，被招聘的总经理的薪水不能超过已经低于市场薪资水平的现有公司高管。这样的招聘条款虽然是出于无意，但恰好筛选掉了最有可能符合总经理要求的应聘者。

下面的案例是一家因业绩不佳而出名的公司。这家公司的情况清楚地向我们说明了"负选择"是如何在智力水平方面发挥作用的。

案例分析

一家不喜欢应届毕业生的公司

马尔提盖特（Multigate）是英国中部地区的大型工程集团。通过兼并重组，公司成长为今天的企业集团，但它的很多管理特点都来自于那位虽已去世但余威尚存的创始人伯特·罗林斯（Bert Rawlings）的看法和价值观。

伯特·罗林斯是一位自学成才的工程师，既实干也有远见，早年白手起家。他讲求实际，这一点同时带来了积极和消极的后果。一方面，他在做实务方面是一位天才。另一方面，对任何他认为是理论性教条的东西，他都抱嗤之以鼻的态度。这个区别并没有特别重要，只要他能够和他的核心管理团队成员一起亲密无间地共事，而且能够当面评判他们的能力。那些跟他有共同经历的同事，他都能通畅地与之交流。但如果让他跟与自己背景不同、仅有观点和意见而不是真才实学的人打交道，他就很不自在了。

随着公司规模的扩大，伯特·罗林斯发现自己身边都是些一路吃苦耐劳走过来的人，他们的想法和态度跟他都比较接近，这让他觉得更自在。他选择的基本上都是学徒出身的工程师。通过内部提拔，这些人被任命到公司高层，而外来人才遭到排挤，大学生招聘计划也根本不存在。

假设通过继续教育和培训，伯特能够拓宽培养选拔人才的路径，他的这项政策也许还有可圈可点之处。但伯特的公司对任何从事人才发展的机构和培训都弃如敝屣。在他去世后，公司随着市场的扩张依然在增长，而且为了达到规模效应，他们并购了其他一些公司。然而，公司在人力资源方面秉持传统，只有符合伯特·罗林斯用人标准的人选才能在马尔提盖特公司获得提拔。

在市场第一次低迷时，马尔提盖特集团遭到严重打击。之后市场回暖，但公司却走向了衰退的不归路。因为公司面临倒闭，首席执行官接二连三被撤换。最终公司易主，开始招聘应届毕业生。但公司的文化对此并不认可，公司性格也没有实质的变化。最后，一位强势的外来者斯派克·斯马特（Spikey Smart）被招进来，承担起拯救这家公司的使命。

新的总经理通常会对高管团队做一些变动。马尔提盖特也曾这么做过，当然，斯派克·斯马特也不例外。但这次有一点不同。新来的这位总经理大胆提出要求，在他接下来的团队中处于关键岗位上的高管要参加测评。作为这个安排的一部分，他们要做智商测试。相关人员对此意见很大。但斯马特还是这么做了。马尔提盖特的高管智力水平分数分布的情况，和行业内其他管理团队的结果相比是比较差的。这为斯马特要进行的经理人选调整提供了进一步的支持。

不管斯马特是否意识到，伯特·罗林斯开创的人事政策在人才的智力方面正是一种"负选择"的范例。也就是说，一个高智商的人是不太可能成为伯特·罗林斯的经理的。原因就是这么简单。

在创始人还健在的时候，出身学徒工的工程师主要来源于很早就辍学的孩子。他们绝大多数在学校都成绩不好。当时，教育当局根据升学考试结果来决定什么样能力的孩子上什么样的学校。这种考试，考的主要是智力。因而，在这些考试中，成绩不好的孩子多半都去当了学徒工，其中的一些被马尔提盖特公司招来，最后变成公司的经理。

马尔提盖特的案例让我们借助实验数据，注意到关系公司成败的一个强大预测指标。公司管理团队的整体智力得分如果偏低或者平庸，团队最终取得成功的可能性将大打折扣。如果一定要在单一的因素中选择风险最大的一个，这个指标应该放在首位。

性格——关键因素

大多数公司高管的智力水平相差无几，但公司之间的文化氛围差异巨大。这不是哪一个原因造成的。这个问题说起来非常复杂，而且和公司的文化有关。不同的企业文化会产生不同的企业性格。有的公司是很典型的外向型性格，通常比较爱交际，视野宽阔，擅长跟踪新热点，但在后续跟进方面则有些随意。还有的公司属于内向型性格，它们相对自我，不愿意和外界打交道，以相对执着的态度追求自己制定的目标。经理人个人的性格如果和公司的性格不相符合，通常都会按照公司文化模式的要求来调整自己的行为。

当然，我们可以从较为宽泛的角度来考察公司的性格。在我们早期的实验中，"焦虑内向型"团队通常业绩不佳。这种团队的成员通常是依靠自己的专业特长被提拔为管理层的"专家"。尽管职位得到提升，但他们依然动不动就按照"专家"的方式做事，根本无法全面审视摆在自己面前的问题。

在高科技领域，有些公司看似属于典型的"焦虑内向型"文化。在这些公司，"专家"型管理者具有较大的作用和影响力，他们的行为模式让我们想起了"高管沙盘实战演练"中"焦虑内向型"团队的行为方式。过分专注于特定目标，实际上容易产生布拉德福德大学管理中心的 M. F. 伍兹（M. F. Woods）所说的"协和综合征"（Concorde Syndrome）[○]。在写给《卫报》（*The Guardian*）的信中，伍兹全面论述了"协和综合征"的危险。我们在此全文摘录如下。

○ 协和飞机是一款由英国飞机公司与法国宇航局联合开发的超音速飞机，因投资巨大，研发时间漫长，商业产出小，最后项目宣布破产。在书中的"协和综合征"是指具有行业领先意义却没有相应产出的大项目。——译者注

"协和综合征"

在讨论芬尼斯顿（Finniston）工程的报告中，有一个因素似乎被忽略了。我把这个因素称为"协和综合征"。

英国工业界（跟德国和日本不同）喜欢投资"高精尖"的项目。在公共领域，我们可以看到维多利亚公主号渡轮、布拉巴宗飞机、TSR2 攻击机、贝沃寇慈（英国煤炭部自动化矿井）、马格诺克斯核反应堆、AGR 核反应堆等案例。

在私营领域，这样的案例虽然鲜为人知，但不乏破坏力。RB211 发动机就是一个典型案例。英国人喜欢投资高风险的项目，希望取得"量子级"的突破，却忽略了那些感觉很无聊但能带来丰厚商业回报的业务。其实，对这类业务，我们更熟悉，本可以步步为营，占领那些研究得很透彻的市场领域。但实际上，我们并没有这么做，究其原因，我们缺乏的是职业精神。

造成"协和综合征"的原因是风险的不平衡，最重要的是管理团队的不平衡。企业任由某个工程师或营销人员或专业技术人员去随意驾驭整个项目，而忽视了其他必要的技能。

揪住工程师们不放并不会解决"协和综合征"问题，也不会减少物质财富的损耗。让专家进入职业管理团队，这才是解决之道。

低效团队的特征

从解决问题的角度考虑，我们可以把低效管理团队划分为两大类。一类是企业文化的产物，管理团队所犯的错误集中反映了公司作为一个整体长期以来所犯的错误。果真如此，只改变管理团队，效果是非常有限的。另一类是低效团队，它们之所以低效，主要是因为成员的组合不当。此时，对团队采取补救措施也不容易，因为其中有些问题涉及人际关系的纷争，有些微妙的因素在起作用，所以也没有什么见效的良方。

第二类低效团队是很典型的，因为各种障碍阻碍了团队成员找到自己喜欢的角色，即使那些能适应自己团队角色的人也是如此。下面的公司案例描绘了一系列失败的团队组合。在这些团队中，本可以发挥个人才能的作用，结果却适得其反。

团队中有一个"协调者"和两个智力超群的强势"鞭策者"。（可以肯定，"协调者"根本不可能得到"主席"的位置。）

团队中有两个"智多星"。其中一个占优但缺乏创意，那么两个人都不适合担当"主席"角色。（另一个"智多星"会被压制，根本不可能做出创造性的贡献。）

团队由"审议者"负责，但没有"智多星"，相反，"审议者"周围都是些"凝聚者"和性格非常稳重的高智商成员。（这个团队虽然可能会有扎实有序的工作氛围，但我们根本看不到有什么可选战略和建议。）

团队中都是"执行者"，没有"智多星"和"外交家"。（这个团队缺乏方向，组织者也无所作为。）

团队由"凝聚者"负责，成员没有"执行者"和"完成者"，而只有"外交家""智多星""鞭策者"和"协调者"。（此类团队光说不练，没有人倾听意见，也没有人跟进任何决议，或者对行动计划疏于做出决定。）

团队由"鞭策者"负责，但成员中还有一个虽然人很强势但智力水平较低的"鞭策者"，一个为人低调的"超级智多星"，再加上两个或更多的"执行者"。（"鞭策者"会发现，自己只要表现出动力和能量，就可能招致反对。这么做会加重负面影响，让本来就不平衡的团队出现更大麻烦。）

团队由"外交家"负责，成员有其他"外交家"和"智多星"，但没有"凝聚者""完成者""审议者"和"协调者"。（团队便成了畅谈馆，没人倾听，也没人沿着别人的思路往下走，当然也就做不出任何决策。）

团队由"完成者"负责，成员有"审议者"和"执行者"但没有"外交家""智多星"和"鞭策者"。（如果"完成者"有任何干涉举动，就会让原本行动迟缓的团队更加纠结于细节。）

上述案例充分说明，有的人本可以为团队做出有价值的贡献，却无法发挥潜力。他天然的团队角色受到阻碍，或者是由于表面上看来缺乏对此角色的需求，或者是由于存在和其他人的竞争。这并不是说，他的团队角色会由另一个人来扮演。可以说，一方面，人多往往误事；另一方面，一个人也做不了太多的事。同样，一个人总是被他人掣肘也成不了事。

在现实中，一家企业如果面临这样的处境，倒不必对企业的前景过于悲观。对人员进行重新组合往往会使之大放异彩，造就有效的团队。关于如何改良团队，一个大型集团的执行董事曾经做过精辟的概括："如果不好使，你就重新洗洗牌。"也就是说，即便是随机进行人员重新调整，也能够改进团队的表现。

找不到团队角色的人

我们在实验中组建得不好的团队通常都会存在团队角色冲突、重叠或空缺等现象。在"团队大富翁"实验当中，我们有意搭配了这样失败的团队。通过这样的方法，对失败的团队设计可能导致什么样的问题，经理学员们会有更加清醒的认识。一个经理，不论是屈从于自己面临的问题，还是调整自己的团队角色，尽力发挥团队的作用，总归可以吸取一些经验教训。

下面，我们要探讨一个更加个性化的因素，因为这个因素是与低效团队形影不离的。在团队中有那么一两个成员，根本不是团队的宝贵资产而是包袱。这并不是说团队的设计存在错误。只是有些人在任何团队都不合适，这样的人根本不会为团队业绩添砖加瓦，只会拖累团队的潜能。在我们测评过的学员中，大约30％的人找不到合适的团队角色。这些无法确定团队角色的经理并不是无能之辈。但其中的问题人物比例很高，超出了我们对任何类别的经理进行剖析时的预期。这里有三个典型的例子。

案例
分析

三个案例分析

布兰克（Blank）先生的测评分数表明他智力水平很高，但创造力明显不足。他的聪明才智很难得到发挥，因为性格外向，所以对外界发生的事情反应非常随意。他总是心直口快，所以他当不了"审议者"，也没有"智多星"的原创能力。在人格量表当中，他的自控力得分较低，而他的构建指标显示他高度以自我为中心。他不可能成为"执行者"和"协调者"，因为他缺乏最基本的自律。他的人际交往能力也不足以让他成为"外交家"或"凝聚者"。他还缺乏"完成者"或者"鞭策者"的紧迫感。但因为他精力旺盛，头脑敏锐，对团队的运作方式影响很大。这带来的风险是，他可能破坏团队获胜的机会，并且无意之中会让别人没有出头之日。

托尔斯（Towers）先生头脑鲁钝，但为人强势，非常自信。他待人接物大大咧咧，承担不了"鞭策者"的角色。在"个人偏好问卷测评"中，他更倾向于公平公正而不是有所成就。因此，他考虑更多的是周围环境的是与非，而不是想办法把事情办成。事情进行得顺利时，他充满了希望。一旦团队碰到困难，他总是在找借口而不是对犯下的错误予以纠正。

希特曼（Sittman）先生智力平平，但焦虑程度较高。但他对实实在在的工作细节不感兴趣。人格量表中他的控制力指标得分比较低，所以他担当不了"完成者"的角色。因为性格内向，为人过于低调，他也担当不了"鞭策者"的角色。只要团

> 队受挫，他很容易情绪低落。其他人也拿他没办法。如果让他
> 担责，他可能执行得很失败，而且试图掩盖自己犯下的错误。
> 自我怀疑又导致他无法迅速行动。他很容易放弃，且不愿意把
> 自己职责内该干的事情交代给别人。就这样，其他人很难接手
> 他的工作，也很难发现到底是什么地方出了问题。

与那些具有破坏性倾向的经理人相比，团队中有碍手碍脚的经
理不会造成太严重的问题。这种经理人行事随性，但偏偏心思敏锐，
而且做事不喜欢协商。幸运的是，这样的人不算太多。可一旦有机
会，他们制造的麻烦就很大。我刚开始在产业界工作的时候，就碰
到过这么一位，实在是让人大跌眼镜。

> **案例分析**　　　　　　**一位制造麻烦的经理**
>
> 　　埃德·拉什顿（Ed Rushton）是一家高科技加工企
> 业的销售经理。和他的前任不同，他对实验室很感兴趣，经常
> 出入那里。只要稍有点风声说有些实验可能会对销售产生积极
> 影响，他就会不请自来，到实验室跟工作人员瞎聊。他对事务
> 感兴趣的程度让人叹为观止，尤其是他来公司的时间不长，自
> 己也没有技术背景。有一天，实验室的一个基层员工给他看了
> 一个新材料的测试结果，不小心谈起这种材料的种种优势和应
> 用前景。拉什顿拿到了这种材料的样本，离开了实验室。后来，
> 管理层才知道，公司最重要的客户知道了这个突破性的进展，
> 甚至提到了最后的生产日期。这让人很尴尬，因为这项开发还

处在早期阶段，这个实验材料能否最终投产还是个未知数。拉什顿对自己的错误毫不在意，很快又开始推动自己的倡议，直至最终被问责。和公司摊牌之后，他拿到一笔丰厚的赔偿金离开了。没多久，拉什顿成了一个主要竞争对手的执行董事。我们不知道在那家公司到底发生了什么，但后来"因为董事会内部的意见分歧"，他被撤换了，再次领取了大笔的离职赔偿。再后来，拉什顿成了完全不相关的行业中一家工业控股集团公司的董事会主席。仅仅过了两年，这项任命又被解除了，拉什顿为此获得了据说是英国创纪录的离职补偿金。

那些不适合任何管理团队的经理人往往经常更换工作。在此过程中，他们赢得了资历，帮助他们迅速升至高层。另一方面，一个完全契合高层管理团队的经理人一般不会变动工作。在招聘经理人时，管理层很少考虑他的团队角色素质，因为管理层缺乏相关的数据帮助他们选择经理人或是自己团队的同事。

团队中的未知因素

在实验中，我们有时无法全部掌握团队中每个经理人的数据。几年中，大约 10% ~ 15% 的成员没有参加测评。有的人来自海外，刚刚从亚洲或者非洲过来，还有些晕头转向。他们发现这些测评是自愿参加的，所以就趁机躲过测评，想尽量减少一些课程压力。在英国本土的那些没有参加测评的经理人，有的是因为忙于准备演讲或者报告，有的是体育积极分子，比起参加测评更愿意去打壁球。更多的人没有参加测评，则是因为持比较正面的反对意见：他们不相信测评，把测评看作对个人隐私的侵犯。尽管我们做出保证，相关信息会绝对保密，但他们仍持怀疑态度，认为测评结果会以某种方式泄露给自己的雇主。

如何把这些没有参加测评的成员编入团队就完全靠运气了。我们只能猜测他们可能会如何表现，不可能把他们归入某种特定的团队角色。他们无法参加任何为特定目的而设计的团队。所以，我们只好把他们和从其他团队中选剩下的成员拼凑出一个团队。在不止一次的情况下，整个团队的成员都没有参加测评。但不管如何安排他们，他们的表现似乎都进一步验证了我们预测的准确性——不参加测评和失败的"公司"之间有很强的相关性（该团队通常排名垫底）。如果这类人在团队中担任关键岗位，结果更是如此。

我们无法肯定，为什么这些不愿意参加测评的人相对而言表现失败。是不是他们更容易怀疑，因而不利于团结？还是因为他们没有参加测评，产生的内疚感和尴尬的情绪让他们没能好好发挥？没有任何客观原因会让他们觉得自己有可能被揭了老底。他们的同事不知道到底有哪些人参加或者没有参加测评，除非他们自己说出来。对他们来说，唯一实质性的差异是他们没有和我们讨论过他们在团队中的最佳角色。这样，他们就和那些测评结果与任何团队角色都不吻合的人是一样的。那些人几乎也都在团队中表现平平。

和那些能找到自己团队角色的人相比，没有明显团队角色的人，看起来似乎处于劣势。明显具备特殊品质的人常常会很高兴地发现，自己的这些品质对团队角色有着重要意义。一个安静而又平淡无奇的人，尽管具备很强的分析能力，但很难做出决断。过去他可能懊恼自己不是一个充满活力的经理，但却发现自己原来是个典型的"审议者"。于是，他看到了新前景，会努力发展自身那些对团队有用但尚未开发出来的能力。

角色模糊的团队

在我们组建的实验团队中，有的成员符合经典团队角色的特点。还有的团队，成员角色则模糊不清。后者的成员似乎不是很在乎他们在团队中扮演何种角色，而是更倾向于担任自己在技术上最有把握的角色。

下面是"高管沙盘实战演练"中一位观察员报告的浓缩版，详细描述了他们观察到的情况。

**案例
分析** **角色不清**

五个成员立刻到了现场，开始检查自己的笔记。几分钟以后，JR 建议说，首先应该选一位主席。JP 表示自己无论如何不能担任"主席"，因为他已经有两项"主席"的工作了。其他人也说了类似的话。这时 TF 走进了房间，JR 开玩笑地说："这活儿归你了。"TF 表示，如果大家觉得合适，他可以担任主席。剩下的几个岗位大家就主动报名了，主要是根据自己的工作经历来安排的。RW 负责财务；JR 负责市场营销；JP 表示可以负责生产和采购，而且说 PB 的经验比较合适管理服务；WG

因为自己的法律背景担任了秘书。团队的每个成员负责自己的工作，或者和别人配合。

团体内部没有什么规划和协调，"主席"也比较被动。直到需要填表的时候，大家才讨论了总体的方略，但最后还是每个人负责做出自己领域内的决定……团队似乎进行了配合，也享受这次教学活动……当最后宣布业绩失败的时候，大家情绪都很低落。

谨防部门本位主义

通常认为，如果每个管理者都本着职业精神，各司其职，公司就会有好的成绩。但不管是在管理教学实验中，还是在公司正常的运营中，事实都并非如此。各部门目标之间有可能会发生冲突，这一点没有考虑进去。一个部门的重大变化可能会影响到其他部门。如果高管们仍然只考虑自己的部门，缺乏全局观念，公司就不会有效运行了。

> **案例分析**
>
> ### 部门本位主义
>
> 一家为耐用消费品市场供应零部件的大公司的情况，便充分说明了公司高层的部门本位主义造成的扭曲效果。在公司初创时期，市场上好的供应商很匮乏，公司的运营被生产部

门把持；公司领导很有能力，但风格相当独裁。公司因为产品
适销，成长迅速。后来，由于市场竞争激烈，公司失去了部分
市场份额。那位独断专行的首席执行官转岗去了控股集团负责
销售部门。公司转而主抓研究和满足客户的需求。公司成品的
库存这时逐渐增加，但由于公司能够为客户提供服务，所以逐
渐恢复了赢利能力，并占据了相对垄断的地位。这时，三件事
情同时发生了：经济萧条，市场结构出现变化，原来的 CEO 退
休了。继任者没有太多总经理的工作经验，但对财务指标非常
热衷。因为出现了现金流的紧张，公司开始大量清理库存，从
而释放出库存挤占的现金。这么做在短期内取得了令人刮目相
看的积极效果。但后来，由于对经济萧条反应过度，整个耐用
消费品行业都减少了市场供给，这时，公司已经无法及时满足
市场需求。新的竞争者借机进入市场，抢占供给缺口。公司因
而失去了自己利润丰厚、高度垄断的经营地位。从此，曾一度
风光的公司为生存陷入了苦苦的挣扎中。

　　用团队角色的方法进行管理，可以推动全盘思考，防止出现部
门本位主义引发的风险。任何组织，在面对不同的目标、政策和优
先等级需要选择时，难免会出现两难的情况。与其搪塞过去，或者
任由某位管理者过于强势，不如让管理团队对所有的问题进行有效
而冷静的研究。

谨防团队角色错位

到目前为止，低效团队管理模式一直被看成是设计缺陷造成的。在实验中，有关失败团队的研究让我们有信心预测哪些团队注定会失败。但不是所有的失败在一开始都能预测得到。有的团队各方面的配置都很好，但到头来还是以失败而告终。

这些难以预料的失败和团队角色的转换密不可分。也就是说，一个天生适合某个团队角色的人，可能会去担任其他的角色。此类调整一旦做出，团队的整体节奏就会受到影响。这里举一个令人印象深刻的案例。当时，我们派一位很有活力的"鞭策者"加入一个颇具潜力但业绩较差的团队，希望他能够推动团队的工作。这位"鞭策者"虽如愿当上了主席，但表现得却像"凝聚者"中最为消极的那一类。结果，该团队最后排名垫底。这位"鞭策者"对自己行为的解释让人颇感意外。原来，他刚刚接到指示，有人要求他必须节制自己过于直接和激进的工作方式。为了接受教训，他把自己调整过度了。当然，这样做很可惜，因为他没能学会如何去履行优秀"鞭策者"的职责！

更常见的一种意外失败源于团队内部人力资源分配不合理。理想的"协调者"担任了秘书，而"主席"则由"凝聚者"出任。"智多星"承担了数据采集的工作，而让灵活性不足的"执行者"去负责谈判。智力水平较低的"外交家"掌管计划，"完成者"去做制定新战略的活儿，凡此种种。幸运的是，一般角色错位不会如此极端，但即便是角色分配稍有失误，也可能会立刻产生消极的后果。

团队运用内部资源可能会带来好坏两方面的效果。团队成员对自己的长处和短处了解得越清楚，就越容易进行相应调整。这方面的意识越弱，就越容易看不清楚自己，犯战略性失误的风险就越高。如前面几章所述，为什么有的团队成员不愿意接受测评，团队业绩结果就很失败，这些都是可能的原因。

小结

- 不成功的团队往往过分强调某种特定的能力或团队角色。
- 团队成员如果担任不合适自己特点的角色，团队也不会成功。
- 如果关键岗位缺人，团队无法成功。

第八章
成功团队的特质

所有人都对胜利者感兴趣。奥运会金牌得主可能比银牌得主只快了 0.1 秒,但绝大多数的人认为这足以把他们划分为不同等级。我们的实验研究也是如此。多年来,我们专注于把预测用于检验团队设计的理论和技能。在此期间,人们会不停地问:你们选出成功团队了吗?

尽管很多人以为我们唯一的目标是打造成功的团队,事实上,对搞清楚各种团队的优劣,我们同样很感兴趣。前一项任务要简单得多,但成功团队若是成形,就会让其他团队得不到最有用的人才。相反,我们面临一项更艰巨的任务,那就是:找出团队之间的细微差别。我们预测会得第二名的一定是"相当不错的团队",但与预测会得第一名的团队相比,还是会有差距。

成功团队的预测指标

我们最关心的是,做出总体准确的预测,而不仅仅是打造一支能赢的团队。尽管如此，在这一章中，我们仍然会着重讨论那些实际上取得了胜利的团队，因为这样做还是颇有价值的。成功的团队具备什么特点？关于成功团队的组建和运作，有哪些是我们可以学习的呢？

在回答这些问题之前，我们不得不承认，比起预测最后一名是谁，预测冠军团队更难。实践告诉我们，有的团队尽管还没有组建，但只要看看其成员，就知道表现好不到哪儿去。另一方面，纸面上的"梦之队"实际上也可能会让人大失所望。一个未能预见的小失误就可能葬送大好的局面。某些关键人物可能会因为个人原因失去兴致，结果影响了团队整体的成绩。一个人缺阵会引发一系列人事变动，最终导致不良后果。还有的团队因为出色的开局而骄傲自满，本来可以赢得比赛，最后却没有发挥出优势。当然，一个结构合理的优秀团队，如果人才济济，而且坚韧不拔，是可以走出低谷，最后取得优异成绩的。但是，在我们的预测中名列第一的团队未必会赢，不过他们一般会位居前三名，而且从未垫底。

现在来描绘一下，一个成绩优异、排名拔尖的团队，究竟有哪些典型特征。从各种成因中，我们挑选出下面这些最具积极意义的指标：

- 团队主席的特质；
- 有一个出色的"智多星"；
- 团队智力水平分布均衡；
- 成员特质分布均衡是拓展团队角色的基础；

- 人岗匹配度；

- 调整团队成员的不平衡。

以上几点，有些前面已经提过，现在不妨做进一步说明。

1. 团队主席的特质

重要的是，团队主席的测评结果和我们在第五章中区分出来的优秀"协调者"画像之间应该吻合。这条定律告诉我们，优秀的团队主席应该是一个号召力强、耐性十足的人，不但能让人信任，而且要知人善用。优秀的团队主席不会在会议上过于强势，但如果需要做出一个关键的决定，或者到了要让会议结束的时候，他知道该如何掌控全局。优秀的团队主席始终能够跟团队中贡献最大的成员相互配合，而不是相互倾轧。

2. 有一个出色的"智多星"

能够取胜的团队都有一个成员是出色的"智多星"。用通俗的话说，一个成功团队需要有一个富有创造力的聪明人。这里的创造力应该是一种独立的特质，这与智力高超以及出色的分析能力不同（后两者可以看成是聪明）。从这层意义上说，"智多星"的创造力比聪明更重要，但如果一个人同时具备创造力和聪明才智，那将是很大的优势。

但创造力和聪明有时会突然掉链子。比如，一个聪明且具创造力的"智多星"对公司是很有价值的，而一个极具创造力的"智多星"，如果智力水平一般，就可能不太称职，因为他无法在公司内部建立自己的角色信任。表面上很出色的团队无法取胜的最重要标志是，"智多星"没能发挥潜能。有时人们会发现，"智多星"之所以令人失望，是因为他们的创造力用错了地方。例如，他们可能只顾追求华丽的辞藻，却忽略了实实在在的数据，或者对所做的事情全无兴致。

3．团队智力水平分布均衡

团队的智力水平如何分布，对团队的业绩会产生实质性的影响。业绩最佳的团队往往会有一个非常聪明的"智多星"，外加一个聪明的成员和一个智力稍稍超出平均水平的"协调者"。除此之外，其他成员智力水平稍低于平均值。

这个定律当然不是靠我们偶然或者仅凭常识推导出来的。不过，回过头来看，这个模式的优势还是比较容易看得出来的。如果"智多星"绝顶聪明且创意无限，应该是公司的财富，但最终的职责一定要由别人来分担。

一个人即使具备远见卓识，也需要另外一个相当活跃的头脑来刺激，帮助他磨砺自己的才智。同样，一个团体需要有人能对充满想象力但未必合理的建议吹毛求疵（"审议员"具备了冷静和不带偏见的特质）。如果缺少"审议员"，团体中具备必要智力的成员可以和"智多星"进行有益的互动。但如果这个人又是"智多星"就不好了。两个"智多星"之间的互动一般会招致特定团队角色之间的竞争。

有一段时间我们非常困惑，为什么其他成员的智力水平稍稍低于平均水平反而有好处。答案可能是：他们和同伴之间智力上的差距使他们不得不去寻找其他正面的团队角色，正所谓失之东隅，收之桑榆。不管怎么说，一个团队智力的分数如果比较分散，成绩会比那些智力水平比较一致的团队要好一些。

4. 成员特质分布均衡是拓展团队角色的基础

团队组成中包含更多的团队角色，这是成功团队的又一个特征。

在"高管沙盘实战演练"活动中，成功团队似乎特别需要一个"完成者"和至少一个"执行者"。在"团队大富翁"活动中，因为谈判的机会更多，所以"外交家"角色在成功团队中的作用更加突出了。

在两种教学实验中，如果既有一个优秀的外向型成员，又有一个出色的内向型成员，团队是具备优势的。虽然这一点在两种教学活动中带来的好处多少不一样，但总的来说，与不太成功的团队相比，成功团队都具备更广泛的团队角色优势。不同类型的能力提高了团队的实力，同时也在两个或更多成员竞争同一团队角色时把非建设性的摩擦减少到最低。

5. 人岗匹配度

让成员通过一定形式找到适合自己特点和能力的岗位和角色，也是成功团队的标志之一。要预测如何做到这一点是不可能的，但通过对记录的复盘可以看出，这也属于成功团队的一个特征。

找不到适合自己的工作是一个普遍现象。更为普遍的是，大家找工作时主要看职位是否符合自己的过往经历，但不会在乎以往自己的表现如何。在不太成功的团队中，分配工作的主要依据是，看有没有人声称曾经干过类似的工作。

另一方面，成功团队会减少在某一个关键岗位上对个人的依赖，除非这个人已经有了表现出色的苗头。有时候，财务工作的安排方式可以充分说明这一点。

很多团队把财务工作的职责交给那个声称具备最丰富财务工作经验的"财务总监"。但不少成功的团队为了最大限度地减少用错人的风险，对此采取较灵活的安排。比如，安排成员结成对子，担任包括财务在内的几个角色。因此，团队可以安排一个头脑很敏锐的人，配合在数字方面经验最多的一个成员工作。

这种"结对子"的灵活安排可以让有能力的成员更好地关注公司的关键业务，前提是这个成员愿意做，而且能够审时度势。换句话说，要让人和业务之间实现最佳匹配，需要做一些变通。如此一来，即使有些匹配不当的地方，也能够得到修正。

6. 调整团队成员的不平衡

一个人的弱点可以通过自我认知进行补偿。虽然这条公认的准则主要用于规范个人行为，但也适用于团队。

在"团队大富翁"中，成功团队的第六个特征便凸显了出来。在对"高管沙盘实战演练"的成功团队的研究中，这一点如果还不明显，原因是可以理解的。

在"高管沙盘实战演练"的早期，参与者对团队角色理论一无所知或知之甚少。对理论的掌握能否帮助团队取得成效还是个问号。

某些情况下，因为不了解团队角色理论，要调整团队内部的人际关系就更加困难了。比如，有的成员把自己看成"智多星"，在团队中专横跋扈，甚至导致了破坏性的后果。他们对那些自己不甚了解的团队角色考虑不足，而这些角色在团队业务的某些阶段是很关键的。事实上，在实验的最后阶段，通过撰写述职报告，成员们的收获都很大，但这时再调整个人行为已经来不及了。

在"团队大富翁"中，普遍存在另一种情况。研讨班的学员已经掌握了很多团队角色的理论和技巧，在"团队大富翁"教学活动开始之前也进行了很实用的强化训练。但这种体验未必能带来相应的行为。一旦教学活动开始，令人激动的场面会让很多学员把学到的东西抛到脑后。要理解一个具有普遍意义的理论在实践中如何应用，还是有些困难的。

然而，有的团队成员有意识地思考了自己在团队中的潜在角色强项，同时对自己团队角色的弱项也做了思考和弥补。通过有效调配资源，这些团队往往能够遥遥领先、一鸣惊人，成功得连自己都感到意外。

> **案例分析**　　　　　　**面对现实的团队**
>
> 　　这个案例来自在剑桥大学举办的团队建设研讨班。团队全部由"鞭策者"组成。除了团队组成不平衡这个不利条件以外，该团队只有一名成员在智力测评中成绩比较好。由此看来，这个"鞭策者"团队和其他三个竞争团队相比，处于不利地位。

团队设计方案一旦公布，研讨班学员就要对实验结果做出预判。"鞭策者"团队成员的预测和大伙儿的看法一样，认为自己肯定是倒数第一。所以，"鞭策者"团队第一次开会时，大家对团队的前景并不乐观。但在那次教学活动中，"鞭策者"团队不仅取得了胜利，而且是大获全胜。

在会后总结中，"鞭策者"团队的发言人坦率而明确地解释了其中的原因：我们认识到团队获胜的机会微乎其微，但大家的决心很大。因为我们团队只有一个人在"批判性思维测评"中成绩优异，于是大家决定，既然大家都不是聪明人，不如就让他来担任"智多星"好了。我们就跟他说"你找个地方想办法去吧"。突然，我们都想起来，"智多星"和"协调者"的完美配合会帮助团队取胜。我们觉得，我们都有些管理素质，都可以担当主席，做"协调者"的工作。于是，我们告诉"智多星"："你自己选择一个你愿意合作的主席。"从那时开始，情况就有了转机。但我们受不了"智多星"一直在身边，于是让他负责沙盘推演。当他推演回来的时候，会补充一些见解供大家继续深入探索。他不在的时候，我们意识到一定要充分利用时间。作为"鞭策者"，我们都知道可能会在很多问题上意见不一致，所以决定每个问题都通过投票解决。这让我们得以迅速做出决定，抓住时机，一步步获得了一系列高质量的房地产。之后就顺风顺水了。

从团队角色之外去看待关键任务非常重要，这在其他几个结构不平衡但有自知之明的团队中也得到了充分的证明。

有自知之明的团队，其主要运作模式是：在第一次会议上，他们会找出自己的弱点，然后指派某个人来负责这些貌似角色缺失的工作。比如，团队发现自己缺少"完成者"。这意味着工作期限和日程可能会被忘掉。于是，团队会指派一名成员负责这个方面的工作，而这个人通常也具备最接近这个角色的特质。结果可能是，团队存在的弱点不会在教学活动期间暴露出来，团队也因此能够发挥优势，最后赢得胜利。

在另一些案例中，我们发现，一个团队如果没有"智多星"，那么团队会寻找和"智多星"最接近的角色。这通常会落在最有进取心的"外交家"身上，或者聪明的"审议者"身上。不管是谁，他们都会着手寻找新思路和新策略去应对挑战。这样做的效果往往还不错，再加上团队还有其他的优势，所以团队的整体表现会比一开始大家预测的要好得多。

总之，成功团队最重要的特征是：团队关键角色的个人品质和能力都很突出，其余团队成员又具备了多种多样的天赋和个性。这样一来，不管有什么任务，总能找到合适的人选。即使团队中各种才能的分布不太理想，他们也会认识到团队的弱点并找出解决方法，进而弥补团队的缺点。

现实中的成功团队：经典多元团队

随着时间的推移，我们逐渐对成功的管理团队有了足够的了解，可以把这部分经验向产业界进行介绍，使产业界的企业像我们模拟的一样，了解自己的管理团队是否有明显的缺陷。如确有缺陷，可以在招聘员工时加以考虑，也可以对现有团队做出调整，改进资源利用的方法。

这里举两个颇具启发意义的案例。

希尔敦工程公司（Hilltown Engineering Ltd.）的案例表明，管理团队中增加一个人，就会改变开始时发展势头良好的公司的状况。这个案例还表明，团队中少了一个人也可能会产生消极影响，除非能够重新建立起平衡。因此，有的企业只是在生命周期的某些阶段可以拥有成功团队。有的企业找到了秘诀，能够通过自己的企业文化保持取胜的势头。这是因为他们的人事政策在起作用，甚至可能首先是由人力资源部门发起的。

案例分析

一项至关重要的任命

希尔敦工程公司在西部农业地区雇用的员工最多。劳资关系良好，公司氛围总体也算轻松，但公司业绩却在不断下滑，直到公司持有者（一家控股公司）决定要进行干预。如果不采取措施，这家公司很可能会卖给某家竞争对手，或者关门大吉。

一种可能的做法是找一位经理人来拯救公司，而公司最后选择的就是这种方法。因为公司和汽车行业紧密相关，前景堪忧，受托的这位经理人需要有超乎寻常的驱动力和睿智，而且要有魄力、有决心才行。与此同时，他还要能够保持公司长期积累下来的良好劳资关系。

很多符合条件的候选人参加了面试，最终入选的是约翰·布赖特（John Bright）。布赖特属于"协调者"和"鞭策者"类型，在智力测评中得分很高。作为入职培训的一部分，我们请约翰·布赖特参加了为期三天的团队管理讲座，之后又在公司内部开设了一项课程。课程一方面普及管理理念，一方面帮助希尔敦工程公司找到管理团队失衡的地方。相关的信息在管理层进行了分享，同时帮助布赖特对他即将上任的新团队进行分析。根据培训的结果，公司对内部职责分配做了很多调整，但管理团队的实际人选和数量基本保持不变。

布赖特成立了一系列的项目管理团队，负责对公司面临的各种问题进行分析。在他接管公司的那一年，公司仍然在盈利，但接下来的一年预计会亏损60万英镑。此外，汽车行业的大衰退更是让希尔敦雪上加霜。由于公司销售业绩最好的产品是获得授权生产的，拥有该产品品牌的海外企业突然宣布退出市场，这顿时让公司陷入困境。

为了应对不断恶化的局面，希尔敦工程公司迅速采取行动。在布赖特入职的第二年，公司把员工数量从1 136个裁到580个，整个过程出奇地顺利。公司原先预期会亏损，结果稍有盈利。这期间，公司成立了几个新的子公司。到布赖特掌管公司的第三年，公司又受到国际石油危机的冲击，业绩最好的产品也完全退市。但公司员工已经裁到530人，销售额超过了三年前的业绩。至此，公司的资本净回报率达到了24%；接下来的一年虽然市场不景气，但资本净回报率也达到了21%。

由于布赖特的出色表现，控股公司决定把他提拔到新岗位上去。不幸的是，在他走后，在重新打造团队方面，公司投入的精力和他来的时候完全不能相比。一年以后，公司的亏损相当于投入资本的11%；又过了一年，亏损上升到了灾难性的43%。

如果对管理团队的组成进行分析，就可以发现一些潜在的陷阱。比起让一个上升期的公司保持势头，持续增长，避免落入这些陷阱，在一家失败的公司扭转局面就显得更困难了。一个有能力的管理团队可以察觉到自己的失误，且有纠正的措施。一个案例就是澳大利亚阿德莱德的辛普森有限公司（Simpson Ltd.）。当我初到澳大利亚时，这家公司就对团队建设的教学活动很感兴趣，并参与进来。当两年以后再次来到澳大利亚时，我惊讶地发现，他们非常好地运用了学习到的知识。在我的第二次行程中，公司所有的高管都参加了测评。这让我们对辛普森公司的管理层有了进一步的了解，同时对团队在以培训为目的的"团队大富翁"活动中表现如何也有了基本的了解。

因为我们的研讨班深受"经典多元团队"⊖概念的影响，所以我们确定的主题是，如何通过招聘合适的人来填补空缺，或者在团队

⊖"经典多元团队"即一个团队包含了九个特色鲜明的团队角色。——译者注

内部进行团队角色调整，从而达到团队的平衡。采用这种方式是基于这样一个事实，即：研究证明，经典多元团队是最可靠的成功团队。此外，还有一些公司对这一理念不太熟悉，进而会认为其中有新的内容需要学习。实际上，我们很难说有哪个公司在积极践行这个理念。

> **案例分析**
>
> ### 团队角色的成功运用
>
> 　　辛普森集团从事的是白色家电行业，在澳大利亚出名的产品有洗衣机、干洗机和电饭煲。该行业之前得到澳大利亚政府的高度保护，但随着关税逐渐降低，澳大利亚的家电市场竞争加剧，公司出现了赤字。
>
> 　　最后，新的首席执行官走马上任，着手扭转局面。首先要做的是对高管进行一系列调整。当然，这不可避免地引发了一些人的不安，不过，这种不安情绪只是暂时的。在关键岗位上留任的高管得到保证，公司仍然需要他们。公司里出现的职位空缺逐渐被精心挑选的高素质年轻人所填补。由于公司着重开放式管理，所以日积月累的互信缺失和猜忌也逐渐烟消云散。
>
> 　　团队合作变成了重中之重，变成了一种凝聚力，把那些老资格的成员和最近提拔或招聘的新面孔凝聚在一起。每个产品都由一个多学科的管理团队来管理。这种安排不仅让团队成熟起来，也助推了团队成员个人的成长。我们对每个人都进行了考核，目的是评判他是否在其他团队更为合适，更能发挥自己的才能。

在做出一系列调整之后，测评结果显示，高管团队与"经典多元团队"模型非常接近，都涵盖了"协调者""智多星""凝聚者""外交家""审议员"和"执行者"等各种团队角色。

但招聘高技能的主管也释放了一些危险信号，那就是管理团队很可能会犯"阿波罗"综合征。该公司管理团队的智力水平是我们测评过的公司中分数最高的。因为这些招聘来的年轻主管大部分时间都在管理自己的部门，所以到目前为止，还没有出现什么明显的问题。但这个层次上的团队合作状态就不那么令人满意了。

因此，在"团队大富翁"活动当中，我们决定组建一个典型的"阿波罗"团队。尽管辛普森公司之前进行了团队合作的培训，"阿波罗"团队仍然碰到了麻烦，团队成员各行其是，矛盾冲突无法解决，工作缺乏协调性。"阿波罗"团队的业绩很差，对此，辛普森的其他管理团队都幸灾乐祸。

辛普森的管理方式让公司不断取得进步，成长为澳大利亚最朝气蓬勃的制造业企业之一。在五年的时间里，直到第1版《管理团队：成败启示录》出版为止，在行业整体市场几乎没有增长的背景下，公司的销售额增长了四倍。公司单个产品的市场占有率不断攀升，从平均20%～30%增长到平均55%～85%。利润也每年平均增长25%，公司的估值翻了两番。公司加快了投资速度，海外新分支要么已经建立，要么正在建设当中。

其他成功模式

"经典多元团队"并不是团队成功的唯一模式。就特点而言，团队成功的其他模式远没有"经典多元团队"模式那么复杂，在现实中也更为常见。

从实验结果来看，成绩排名第二的是"合作型稳重外向型"团队。这类团队只是偶尔会拿到冠军，通常都是第二名，而且很少出现失败的情况。此类团队的团队角色类型分布没有那么广，主要是"凝聚者"和"外交家"，其次是"执行者"。只要团队的智力水平还不错，他们似乎不会受到缺少"审议员"和"智多星"带来的不良影响。

事实上，在此类团队中，角色的区分通常没有那么明显。他们在团队角色特定的行为模式上都会有所缺失，但通过自己的灵活性得到了弥补。"世界是一个舞台，每个人的一生要扮演很多角色。"⊖有时候，很难搞清楚谁在扮演什么角色。所有的成员都非常投入。他们喜欢在团队中工作，享受彼此的陪伴，成员之间交流很多，讨论的话题也包罗万象。这种模式在外人看来非常混乱，其实不然。这种活泼的交流会营造出集思广益的氛围，而这正是团队个人无法企及的。

如果说此类团队有什么弱点，那就是"稳重外向型"的人往往

⊖ 出自莎士比亚名剧《皆大欢喜》。——译者注

表现得志得意满和过度兴奋。针对这种现象，我们可以通过引进一个类型稍有不同的外向型人物"鞭策者"来改进团队的设计。"鞭策者"足以和团队性格随和的外向型成员进行配合。这样，团队一旦对自己所处的位置不切实际地盲目乐观，就会有人进行鞭策。

从实验结果看，我们还可以找到另外两种成功团队的类型。不过，这两种类型的团队不便于其他团队效仿。原因是它们的优点和缺点同样突出。

这些偶尔会很成功的团队中，第一类是领导权被一个明星成员牢牢掌握的团队。具体地说，在这个团队里，主席在智力或者创意方面相对于其他成员具有无可比拟的优势。因为所拥有的职位和所具备的天赋相得益彰，这个人的地位凌驾于他人之上。这样，团队可以按照连贯一致的策略进行运作，把主席的才华发挥出来，并且在必要时迅速做出决定。只要公司的业绩良好，团队成员甚至会士气高昂。因为没有对明星主席的挑战，公司运营得顺利而平稳。

如果团队成员组合得当，此类团队会创出佳绩。但如果团队组合出了问题，此类团队的自我纠正速度会很慢。强势的领导者掌握全局，可以保证团队坚定地朝着目标前进。但领导者同样也可能带领大家走进死胡同，而在危机到来之前没有人会想到赶紧调头。由明星领衔的团队既会加快团队攀升的速度，也会导致业绩迅速落入谷底。

另一个值得关注的团队类型就是"阿波罗"团队。关于"阿波罗"团队，我们在第二章中已经进行过充分的讨论。"阿波罗"团队有很好的智力储备，具有大量的资源和人力来处理最复杂的问题，但要想发挥出团队的潜力是很难的。一般情况下，"阿波罗"团队的业绩不尽如人意，但偶尔也会取胜。此类团队如果选对主席，同时团队成员之间的关系相对融洽，就可以建立起足够好或必要的团队合作，从而发挥出团队的价值。

综上所述，成功团队有几种类型。首先是团队角色泾渭分明的"经典多元团队"（从历史记录看，此类团队是最成功的）。第二类是所谓的"典型参与型团队"，成员都属于稳重外向型，喜欢团队合作，团队角色没有差异化特征。最后两类团队要么是由很有才华和聪明的人来领导，要么是由很有才华和聪明的人组成。

和在商业环境中运作最成功的团队相比，在我们多年的研究当中，最为持久高效的团队到底能存续多久呢？同样的建模原则到底能不能适用呢？

要回答这些问题，并不是一件容易的事。当然，我们通过考察业绩可以找出成功的团队。主要的困难在于找到合适的方法来描述成功团队是如何运作的，又是谁在运作。

但是，通过观察成功团队的特征和研究主题之间的相关性，我们还是可以得到一些启示。

三家成功企业的团队实践

英国战后的产业发展记录并不是那么出色。如果我们排除跨国公司，把目光只聚焦在那些长期以来一直很成功的本土公司上，我们会发现，成功的企业可谓寥寥无几。从这个群体中我选出了三家企业，他们分别代表了贸易、工业和服务三个行业。

下面说说玛莎百货、帝国化工和英国广播公司这三家公司。玛莎百货是英国最为成功的零售商店之一，因其产品品质、服务水平、员工待遇和赢利记录而闻名于世。选择帝国化工是因为它是英国最大和最成功的工业企业之一，也是最佳雇主，同时实现了高度发达的技术水平和商业上的成功。我们选择英国广播公司的理由则与前二者不尽相同。英国广播公司是一家公营企业，因而不受一般商业标准的约束。其优势在于其名声，英国广播公司被人们称赞为英国的最佳使者，其最成功的电视节目在全世界都为人称道。选择英国广播公司的一个特殊原因是，其电视节目制作团队的成功与否在某种意义上是可以衡量的。有的节目因为很不成功，根本没有播出；有的节目则倍受瞩目，开辟了自己的出口市场。

三家企业的共同点

在分别讨论这三家企业之前，我们也许该注意到，它们是有共同之处的。这三家企业都从大学毕业生中大量招聘员工。帝国化工每年招聘的科研人员数量超过英国其他任何一家企业。英国广播公司不仅在编剧等关键岗位上招聘大学毕业生，其他很多智力要求不高的岗位也是如此。玛莎百货大约一半店面的经理助理都是大学毕业生，这在英国零售业内是绝无仅有的。这三家公司的高级职位几乎全部是通过内部提拔的，他们的人力资源部门很显然为管理团队源源不断地提供了受过良好教育且具备很高智力水平和优秀行业经历的青年才俊作为候选人。

成功的零售商

　　玛莎百货的商店几乎遍布英国每个大小城镇的中心位置。事实上，除了计算机机房之外，它的总部就位于伦敦的贝克街。这样的集权化管理本来容易导致公司的僵化，尤其在其管理体制已经非常明晰的情况下。但由于公司重视管理团队和沟通团队，危险得以化解。

　　玛莎百货的董事会有 22 名董事。实际上，多数高层管理决策是由定期召开的咨询委员会做出的。这个高管团队包括主席和四名常务董事，有时候会邀请一位专家作为项目信息源来参加会议。每个月，主席都会主持召开由 80 名高层参加的信息发布会。部门经理也会召开自己的通风会，规模一般在 10～20 人左右。在商店层面，也会定期召开沟通小组会议，每个地区的商店都会派代表参加，规模一般是 12～13 人。在这些会议上，员工在了解公司动态的同时，也可以提出任何问题。

　　在运营方面，玛莎总部按时召开会议，讨论与其商业领域相关的主要规划和变化。这种会议开起来比较容易，因为公司各部门的主要人物都在某个围成院子的办公楼上工作。这些业务会议的特征之一是，尽管会议规模小，但公司多个层级通常都有代表出席。规模较大的采购审核会一般有 20 人参加，包括来自 7 个层级的成员——集团采购总监、一位高级执行官、一位执行官、一位采购经理、一名采购员、一名货品挑选员和一名技术员。这些会议，高层自然是要参加的，但基层员工需要

得到高层人士的提名才可以参加。这样的方式，既可以控制参
会人员的数量，同时基层员工也能更早地得到亮相的机会。

　　除了这些常规会议之外，还有很多非正式的会议。这些非
正式会议既是紧密协调总方针的一部分，也是密切关注和从各
个角度审视重要议题细节的一种方法。一名新成员加入高管团
队时，他通常已经是经验丰富的团队合作者了。管理层在公司
内部人际关系上打下的基础，让集权化管理的组织形态得以软
化，因而减少了如下风险：如果一个关键岗位上的经理人离职
或者退休，并不会导致动荡，从而威胁到某个商业部门或者公
司整体的生存和成功。

玛莎百货和帝国化工都是业内成功公司的杰出代表。两者都在
公司内部人际关系、商业关系和劳资关系等方面非常重视参与度和
广泛征求意见。但玛莎百货高度集权化，而帝国化工除了某些事关
全局的议题之外则更看重组织的分权与自治。

案例分析

成功的工业企业

　　帝国化工由十个主要部门和九个子公司组成。每个
部门都为独特的文化而自豪，很重视自己的自主权。集权和分
权是如何共存的，在大学毕业生的招聘工作中就很好地得到了
反映。像其他大型企业一样，帝国化工在英国的大学进行校园
巡回招聘，启动阶段是由协调大学招聘事业处（CURV）来负
责的。

来自各部门的校招人员在不同的大学举行第一轮面试。在填完申请表的学生中，大约一半会得到第一次面试的机会。名单会上报给帝国化工的总部，然后由总部把经过筛选的候选人名单发给各部门。至此，协调大学招聘事业处的工作就结束了。然后各部门会根据自己喜欢的操作流程去操作。有的部门会使用测评工具来辅助选拔，有的部门根本不使用测评工具。进行测评的部门使用的测评工具也未必是一样的，甚至在部门内部操作方法也不尽相同。比如，机械工程师可能要通过测评工具仔细筛选，而化工工程师则不同。之所以会有区别，原因可能是不同部门的经理观点不同。但帝国化工也有适用于各部门的通行准则：面试通过的人都会获得面试官所在部门的某个具体工作岗位。如果不同部门同时竞争一个候选人，则不可以"互相加码"。

尽管在招聘实践中存在某些差异，在两个因素的共同作用下，帝国化工的招聘逐渐变得颇具特色。第一，非常看重应聘者的学业能力。只有学业优秀的候选人才会被考虑，而且喜欢招聘博士生，这在行业中很少见。甚至有一个阶段，帝国化工会招聘化学系的博士生来管理化工厂，因为他们认为这才是招到管理精英的最好方法。后来，帝国化工找到了其他更有效果的方法。虽然随着时间的推移，招聘方法也在改变，但要招聘到"最优秀"员工的信条一直没变。第二，在毕业生入职以后，帝国化工非常重视团队的培训。聪明的大学毕业生们一跨入公司的门槛，就马上融入公司人际关系文化之中，不仅是通过产业培训，还有对帝国化工公司文化的浸润。一个社会学家对此研究后认为，帝国化工如同一个俱乐部。招聘中追逐精英的倾向本可能会把帝国化工变成一个"阿波罗"企业，但这种俱乐部的氛围强有力地消除了这种可能。

第三家是英国广播公司。总的来说，与前两家不同，英国广播公司对参与度、咨询会和团队合作没有那么在乎。很多员工和外界都把英国广播公司称为"大妈"。一种慈母般的长者风范是英国广播公司的传统。无论是艺术系毕业生，还是工程类的新手，都渴望得到英国广播公司的工作机会。这让英国广播公司有机会去挑选青年才俊，但日后如何把他们吸收到各个工作团体中去却成了问题。

案例研究

成功的服务型企业

英国广播公司所有的电视节目都是由小型团队制作出来的。实际上，团队始终处于不断创建和重组的过程。节目都是一次性的。在这种背景下，人事政策很难实现一贯和统一。只要有人，就可以邀请其加入项目组。

英国广播公司组建团队的过程带有一定的神秘感：部门管理者会发挥作用，节目中的关键人物也有很大的影响力。关键人物认为自己应该有更多的话语权。电影导演、作家、编剧、影星、摄影师和剪辑都希望自己被当成卓越的专业人才而受到尊重。有创意的艺术家希望能够有最大程度的创作自由，但同时又希望与自己领域内的顶尖人才进行合作。将这两种期望融合在一起是不容易的。

相关负责人认识到，英国广播公司里有很多"智多星"。"智多星"对自己的合作者以及自己需要遵循的规章制度常常有不合理的要求，但他们又能不按常理出牌。某个"智多星"可能是明星，而与其搭档的其他"智多星"因为地位较低，所以为了职业追求，只能对明星"智多星"做出比平时更多的妥协。

因为在团队组建的整个过程中，人际关系非常复杂而且不可预见，管理层通常不会直接指派某个人加入某个团队。因为意识到有些人和某些成员能够配合，但和其他人不行，管理层为最出色的表演艺术家提供了更大的空间，让他们自主挑选自己的团队。其他的团队只要相互认可就可以了。

当然，这项政策也需要和另外一些策略进行对接，那就是要人尽其才、物尽其用。有时候，管理层主动分配人选也是有必要的。有些"鞭策者"或"智多星"必须能够把自己的节目运作起来，否则，管理层就需要小心翼翼地进行平衡，组建一支制作团队。这样的做法可以保证有限的电视节目具备非常高的质量，同时也能够完成节目制作的产出目标。

团队角色理论和成功企业

如果我们把这三家企业和在实验条件下做出的关于成功团队的结论进行比较，就会发现，这三家企业都找到了解决自己团队管理问题的主流方法。事实上，玛莎百货研发出的模式符合"稳重外向型"团队，这一点在他们选贤任能的工作中得到了体现。这些团队不需要"智多星"，但通过招聘流程确保了团队成员总体上有很好的智力水平。团队成员在基层团队中证明自己的实力，在他们转岗到其他团队时，他们的业绩档案可以帮助该团队判断他们是否适合提拔。一旦玛莎百货推行了经过时间考验的合理政策并获得成功，如何打造优秀的团队这个问题依照已经积累的传统就可以自行解决了。

从文化角度看，玛莎百货和帝国化工非常接近：重视员工关心的问题，强调高标准，信奉员工参与、咨询会以及团队合作。但帝国化工招聘部门的管理团队则看重部门自身独特的解决方案。一方面，帝国化工是一家重量级的企业（曾经有位校长把它比作"英格兰银行"）；但另一方面，公司要持续繁荣，需要在化学和工业领域，不仅是在国内，而且在国际上，实现科研的领先地位。要想保持前进的步伐，帝国化工就必须招募到智力超群的优秀员工。

帝国化工对新入职员工学术水平的要求和它严格的选拔流程，确保了自己能够获得很多人才，但有过犹不及的风险。矛盾之处在于，公司的文化目标和商业目标之间难以平衡。但由于公司重视对能力很强的毕业生进行团队合作的培训，这种风险得到了一定程度的释放。最终结果是，公司吸纳了潜在的"阿波罗"成员，他们的个人才华对解决今后工作中的困难是必要的，但同时要力争避免陷入"阿波罗"团队的管理模式。

英国广播公司对招募的高要求可以和帝国化工公司相媲美，但招募的主要对象是"智多星"。和帝国化工类似，英国广播公司在确保招到所需人才的同时，也有过犹不及的风险。"阿波罗"团队经常出现，而且一眼就能看出来，因为无论在工作作风还在工作氛围上，"阿波罗"团队都是一团糟。但在这样的团队中，通过践行适者生存的丛林法则，至少产生了一些明星领衔的团队。这是我们研究的四类成功团队之一，虽然不够可靠，但有时候也能取得很高的成就。

如果说在商界有什么指导企业成功的一般性特征的话，那就是他们学会了设计出与"合作型稳重外向型"团队类似的运作方法，但实际上并不招聘"稳重外向型"的人才。成功团队始终喜欢招聘从一开始就具备很强能力的员工。这样的团队在一定程度上依靠自己的团队文化，确保入选者最终掌握团队合作的技能。

在我们的实验研究中，最成功的是"经典多元团队"。然而在商界似乎找不到这样的团队。为什么会这样呢？也许这样的团队确实存在，但很难发现。即便如此，我们还是希望能看到此类团队的影子。原因可能有以下几点。

首先，"经典多元团队"的理念很难掌握，尤其是要弄懂这种理念背后的复杂性，实属不易。其次，如果把打造一个角色多元的团队作为一项人力资源政策，人们就会自然而然地产生抵触情绪，通常会按照自己理想中的画像去搭建团队，所以人们一般会说"惺惺相惜"。再次，在致力于寻找素质全面的理想候选人的招聘者眼中，具备多元型团队潜质的人才本身就值得怀疑。但莎士比亚在其名剧《针锋相对》中提醒过我们：

所谓的好人都是犯过错的，有些小毛病的人才能变得更好。

在多元团队里，任何一个弱点都会有人能够弥补，而且这么做

的人还会为此感到心满意足。这样的角色不仅要求良好的团队合作
精神，还需要人能够谦逊而有素养。

成功团队带给我们的启示

这一章所探讨的问题带给我们哪些启示呢？在实践中，"经典多
元团队"总能取得佳绩。但要组建这样一支团队，运作起来难度很
大，对选贤任能者的技能要求非常高。此类团队，一旦受到干扰，
容易打破平衡。正因为如此，我们来分析一下，为什么创建团队时
一定要考虑成员在角色和能力方面不要过于专业。

就创建团队而言，"稳重外向型"的人才由于具有良好的自律性
和智力水平，所以总是可以组成优秀的团队，团队需要的所有角色
都能由团队成员分担。这种团队的优势在于，团队成员能够以各种
形式进行组合和再组合，而且不影响工作效率。一家公司如果认可
广泛听取意见和群众高度参与的管理作风，寻找的是全能型经理人，
那么应该招募这类成功团队中的典型成员。

对大型企业来说，这么做还是很有好处的。另外一种做法就是
朝着成功团队的经典模型靠拢，但一定会困难重重。对高管团队的
人员构成，大型企业可能很难管控，因为围绕着干部提拔问题存在
着多股力量的博弈。在这一点上，小公司就具备很大的优势。

另外两类成功团队都有能力创造出佳绩，但也容易失败。

在一般的社会经济条件下，巨星领衔的团队（即一个才华出众
或很有创造力的人在团队中占据绝对优势，且身先士卒、事必躬亲）

在大型企业内没有多少用武之地。但必须牢记，此类团队曾经有过辉煌的成绩。如果权威主义是因竞争而生，那它倒不失为一剂良药。在小公司里，巨星领衔的团队在未来很长的一段时间之内仍大有作为，但我们不能推广这种模式。过于依赖某一个人的后果就是企业未来的前景会一直存在很大的不确定性。

高科技企业中会有"阿波罗"类型的团队，如果我们对其进行观察，就会发现过于依赖某一个人的问题是能够解决的。招募高资历、高能力的年轻人从事最前沿的技术工作，这一要求本身决定了管理的类型必须符合这些条件。有些由"阿波罗"团队管理的企业是可以成功的。如果能找到优秀的"阿波罗"主席，或者采取适者生存的丛林法则，通过高淘汰率选拔年轻的"阿波罗"管理精英，团队成功的概率是可以提高的。

成功团队的特点各不相同。但通过多年组建团队的实验，以及鼓励其他人尝试自己组建团队，并且在产业界收集了很多成功案例之后，我们得出结论，经过考验的团队模式只有寥寥几种可供选择。

小结

- 成功的团队都能较好地取得团队角色之间的平衡。
- 团队一旦失衡，只有进行补救，团队才会有前途。
- 团队角色意识有助于提升团队的业绩。

第九章
理想的团队规模

　　一个团队应该有多少成员？在某种程度上，答案取决于有多少工作需要完成。既然一个团队的成员需要花时间在一起工作，理想的团队规模这个概念还是值得探讨的。在考虑我们的经验可能提供哪些线索之前，我们先来讨论一下，团队规模对个人行为有哪些影响。

团队与个体

　　一般情况下，团队的规模越大，要求个体服从集体的无形压力就越大。在群众性集会和宗教集会中，这种压力是如此普遍，以至于会产生全体与会者意见绝对一致的假象。

　　团队成员的行为因为受到体制的影响，变得更为复杂。体制越严密，就越不能容忍成员表达不同意见，对任何异见的包容度也就越低。如果团队不存在体制（也就是说，虽然许多人为了某个目标聚在一起，但没有强制性的约束），那么成员们就不会变得更加成熟和理智。相反，由于团队规模庞大，法不责众的心态也会让成员的行为变得不计后果，甚至陷入癫狂。一群没有社会约束的人会成为暴民。规模庞大的群体可以通过这样或那样的方式对其成员施加巨大影响，以至于每个成员的行为都有可能会变得非常被动。又或者，假设团队允许每个人任意表达自己的意见，则有可能会引发成员们不负责任的行为和攻击性的言论，甚至诱发打砸抢等破坏行动。

在大型团队中，为什么个体会变得不理智，不再以积极的方式做出贡献呢？部分原因在于，团队的规模太大，使得单个成员找不到自己的角色，至少暂时削弱了现实人格。之所以会这样，也是出于对实际情况的考虑。比如，在一个 100 人的会议上，假设按照民主的原则，所有人都要发言，而会议主席希望人人平等，并据此原则来分配时间，那么在一小时内，每个人有 1% 的时间用来发表意见，余下的时间都在听别人的发言。如果会议管控得好，每个人的发言时间就只有 36 秒。结果，任何发言都变得没有意义了。

10～11 人团队

假设我们把会议的人数减少到原来的 1/10，而且发言的机会均等，大家按顺序发言而不是同时说话，那么，每个人会有 10% 的时间说话，90% 的时间倾听。

尽管这样的安排听起来更容易落实，但仍意味着每个人的大部分时间都处于被动状态。还有别的因素让这种安排变得更加不可行，比如，每个人的发言积极性差别很大。一个强势的人可能很不愿意在 90% 的时间里耐着性子听别人发言，而一个性格隐忍的成员在分配给他的 10% 的发言时间里可能什么都不会说。如果一个团队中有几个很强势的人，他们就会因争夺发言权而打断别人的发言，甚至有几个人同时在自说自话。这样的结果没有人会满意。

就一帮同事聚在一起开会而言，虽然 10 个人的规模似乎太大了，但如果组织严密，情况就完全不同了。大家都知道，一种组织体系是不是有优势，取决于组成这个体系的细胞的性质以及将这些细胞组织起来的方式。我们可以从过去的经验中学到这一点。历史证明，罗马军队是历史上靠武力生存能力最强的组织。这支军队有多个层级，每个层级的负责人都有 10 个手下直接向他汇报。指挥官不用提高嗓门就可以向 10 个人训话，而且只要掰掰手指头就能知道是不是每个人都在场。多数时间他会发号施令，剩下的时间则允许手下的人提问或发表看法。对一个运作顺畅的指挥机制来说，把 10 作为组织的基本单位似乎是非常理想的。无独有偶，美洲存续时间最久的印加帝国的军队，其单位规模和组织方式也与此大同小异。

除了和我们合作以外，亨利管理学院内部也会使用"辛迪加团队"的形式开展教学活动。这些"辛迪加团队"由 10～11 名成员组成——其中一个人拥有一定的权威，被称为主席。虽然管理教学的历史没有罗马军队那么悠久，但自从学院的"辛迪加团队"运作以来，其规模就被证明是可行的。主席会组织团队中的资源，掌控会议进程，确保大家能集思广益，对有关议题进行讨论。因为教学活动本身需要成员听取发言，对个人主动参与度的要求不高，所以

10 ~ 11 人的团队规模正好合适。此外，10 个人刚好可以坐进两辆车里，因而这样的团队规模也适合定期举办社交娱乐活动，以帮助增强成员间的情感纽带。

10 ~ 11 人的团队规模，大到可以由不同的人形成足够多的组合类型，让生活富于变化，又小到让团队共同感受身份认同和亲密感。无独有偶，在学员们流连忘返的乡村酒肆外，夏天草地上会有 11 个村民打板球，而到了冬天，酒肆后面的球场上又会有 11 个人代表村子在踢足球。如果成员间需要保持密切的关系，对有组织的团队而言，10 ~ 11 人的规模是不是最理想的呢？

果真如此，有些人可能会认为，板球和足球等团体运动重现了远古时期男人结伴狩猎的情景，他们会利用集体的力量和智慧来猎取大型动物。虽然猎物变了，但活动的规则却被保留了下来。为了反映体育运动的特点，描述活动的语言也发生了变化，但团队的基本特征得以保留。主要的差别在于外在形式的不同，当年的捕猎行动如今已升级为团体竞技体育。

六人团队

如果一个团队为决策而围坐在桌边讨论计划和策略，10 ~ 11 人的单位似乎就没那么有优势了。在这种场合中，如果每个人都要有足够的时间发言，就会感觉时间不够，进而延缓决策的进程或降低决策的效率。但不参会又不行，在会上看报又不礼貌，所有人表面上对会议都感兴趣，而且会来参加会议。这种场合本身是为了决策，根本没有亨利管理学院典型的"辛迪加团队"所享受的那种学习氛围，也不是没事找事的那种业务学习。

在没有实验组织者干预的前提下，亨利管理学院仅凭经验很早便得出结论：团队的成员如果达到10或11人，规模会显得过于庞大。于是，团队规模被缩减至八人。随着时间的推移，他们发现，就连八人的规模也过大了。事实上，参加"高管沙盘实战演练"的团队往往由两三个或四个核心成员掌控。此外，可能会冒出一两个稍微表现积极的成员，其余能做出贡献的成员少之又少，他们甚至会觉得百无聊赖。

于是，学院把团队成员缩减至六人。事实上，六人团队的表现更为稳定和持久，所以我们大部分的实验都是以这个规模来进行的。这就产生了一个更具普遍意义的问题：如果一个团队要围在一张桌子周围开会，有没有一个最佳规模呢？

关于这一点，目前尚存在明显的意见分歧。前面我们发现了九种互补的团队角色，而每种角色都有各自的特点。难道不能组建一支由九名成员组成的理想团队吗？如果真这样，那为何六人团队的表现反而更加让人满意呢？

八个人的团队同样有希望成为理想的团队规模，但也有不足之处。其规模处于理想团队和关系亲密的小圈子之间，属于不大不小的中型团队。在关系亲密的小型团队中，大家步调一致，共同讨论和行动，确保每个人的贡献度和参与度都可以相互接受，彼此间又不相互干扰。

有人可能会认为，八人团队是可以发挥出潜力的，前提是组织得当，能找到合适的主席且成员是精心挑选的，如此一来，每个人都能很好地扮演自己最合适的角色。但要做到这一点是很难的。即使找到了适合八种角色的八个人，也很难保证他们相互之间有足够的默契，能够按照理论上理想的方式来互动。再说，这么做似乎也没有什么必要。我们已经注意到，多数有能力的经理人可以很好地扮演主要角色和次要角色。有时候，他们甚至同时扮演好三种角色。也就是说，我们并不需要八个经理人来扮演八种不同的角色。如果每个经理人能扮演两种角色，四个经理人就可以扮演八种角色。在这个模式中，团队要想涵盖所有团队角色，至少需要五名成员。这样的安排不会产生任何冗余，进而让团队成员的主要或次要角色出现重叠，也能让"协调者"或"智多星"这样的人集中扮演某一个角色。

更小规模的团队

六个人的团队规模是介于两种理想化团队规模之间的一种妥协。一方面，理想化的八人团队规模过于庞大；另一方面，四人的团队规模符合另一种设想，但又显得太小。但在实践中，六个人的目标团队规模往往可遇而不可求。学员的数量并不总是六的倍数，经常会有一两支七个人的团队。跟其他团队相比，七个人的团队从资源储备上看存在数量上的优势，但这一优势似乎并不明显。不知什么原因，七人团队的表现反而不如六人团队，原因也许是，前者的规模稍微有点儿大，反而影响了工作效率。

在亨利管理学院的"高管沙盘实战演练"中，六人团队是按照传统方式进行职责划分的。一个担任主席，一个负责财务，一个负责市场，一个负责生产，一个负责管理服务，另外一个既负责采购又担任秘书。

这样的职责划分让每个成员都拥有自己的工作领域，避免了因职责交叉而引发矛盾。多数情况下，团队根据学员的日常工作类型来分配工作，这确保了大家对自己手头上的工作充满自信。但因为团队成员需要完成的具体任务只占用了很少的时间，成员们可以有很多机会参与团队讨论。正是在这种时间利用率不高的情形下，大家才有机会展现出不同的团队角色。六人团队具备了广泛的技术才能和多重的团队角色，如果构成得当的话，团队可以达到高度的平衡。这一点本身就很有教学价值。总的来说，重要的一点是：亨利管理学院内部至少十年的实验表明，对一个需要解决复杂问题的管理团队来说，六人团队规模是最合适的。

如果团队的事务非常繁杂，即便是中等规模的团队也会变得低效，因为在各个问题的协调上会出问题。在"团队大富翁"当中就是这样——因为决策和实施是同时进行的，团队需要梳理自己的优先事项和处理相互冲突的紧急状况，这样危机四伏的局面会让团队穷于应付。

跟在亨利管理学院的"高管沙盘实战演练"中一样，与六人团队相比，四人团队会面临更大的压力。多数情况下，四个人正是因为相互不匹配才被撮合到一起的。这也是我们团队规划策略的一部分，希望能够凸显根据不同原则组建的团队在行为模式方面是有差异的，进而找出个人行为及其团队角色画像之间的关系。无论角色画像如何，四人团队不可能应付得了随时出现的种种变化和窘况。虽然缺少时间是造成困难的一个根源，但不是根本问题。其实，在实验当中，我们安排了定期的间歇，可以用于梳理重大战略问题。有趣的是，在"团队大富翁"实验中，所有获胜团队，包括按照严格意义进行规划的团队，都至少犯了一个重大的战略性错误。而在亨利管理学院"高管沙盘实战演练"中，获胜团队的表现基本上是无可挑剔的。

如果各方面条件有利的话，"高管沙盘实战演练"中六个人的团队比"团队大富翁"中四个人的团队更容易取得平衡。从人力资源的角度看，相对于六人团队，假设四人团队在解决复杂问题时有些捉襟见肘的话，至少他们也有一些可以对冲的优势。四人团队紧密团结，参与感和兴奋度都是六人团队无法比拟的。但这不是说他们整合得更好，只是成员的关系更为密切，成员之间既有爱也有怨，嬉笑怒骂，人情味非常浓。一位研讨班学员说，自己没办法跟同组成员告别，因为会忍不住落泪。但也有学员一定要投诉同组另一个学员。四人团队成员之间的关系犹如一家人，亲密的程度让他们百感交集。假如把四人团队比作家庭，那么所有快乐的家庭的快乐都是一样的，不快乐的家庭则各有各的不快乐的原因。如果大家相处得很好，则在所有问题上团队都能协调而且积极向上。但如果相处得不好，结果就是一地鸡毛了。

主席人选和团队规模的关系

从四人团队和六人团队中，我们发现了一些差异，究其原因，可能与主席的角色有很大关系。六人团队中总是有人担任主席的角色，各项议程的推进方式也比较正式。相反，四人团队虽然有时候也会选出主席，但常常是群龙无首，关键时刻团队往往很不稳定。只有在团队角色的互补关系建立以后，团队才能够运行顺畅，所以，需要从一开始就对团队角色做出良好的规划。

如果主席是维持团队平衡的关键人物，那他发挥作用的方式和数字就是紧密相关的。在四人团队中，如果出现矛盾，除了主席以外，另外两方分别有一个和两个人，不需要主席来投出关键的一票，主席的工作因而也似乎没太有必要。在六人团队中，主席面对的一边是两个人，一边是三个人。仍然不需要主席的关键票，不过，因为团队规模较大，需要有人来组织团队的资源。现在，让我们再来看看处于中间的五人团队。此时，主席的作用就非常关键了。团队的规模大到需要有人来进行组织，同时，在出现不确定的情形或意见相左时，主席的关键票是具有决定性意义的。

在我们的实验中，五人团队只在计划外的情况下出现过。团队的目标规模是六人，有时候会不可避免地减少到五人，这可能是因为学员的人数不够，或者六人团队中有一个人因病或其他原因不能参加了。在亨利管理学院的课程中，有一次是有两个五人团队和六个六人团队。这两个五人团队拿到了冠亚军。另一次，三个五人团队的名次分别是第五、第七和第八，但这些团队中有些成员没有参加测评——这被认为是不好的征兆（参阅第七章）。此外，多年来，还有些其他的五人团队，但因为数量不够，无法说明跟六人团队相比，它们有什么决定性的优势。可以说，五人团队总的来说运作良好。如果团队成员拥有才华，他们就能够有很好的表现。

团队规模过小的风险

如果主席能在五人团队中很轻松地维持平衡，那么在三人团队中，他还能不能发挥同样重要的作用呢？三人团队不正是团队成员全情投入的精品吗？

有一个很有趣的设想，如果三人团队跟四人团队、五人团队或者六人团队对垒，成绩会怎样？结果如何我们没有真实数据。显而易见的是，如果主席是指善用团队资源的人，那么三人团队的主席就有点儿名不符实了。跟五人团队的主席相比，三人团队的主席更像是在单打独斗，也就是说，就像是一个老板带着两个下属。

三个能力高超而且技能互补的人，如果步调高度一致，就会很有效率。但"团队"这个词基本上就失去意义了。团队本身需要有自己的生命力。所谓"铁打的营盘，流水的兵"。它的权威不取决于个人，也不是离不开某个人。但三人团队不是这样。因为任何决定都与人的个性紧密相关，所以就不可避免地存在着这样的风险：如果有一个人不在场，接下来的工作就可能完全走样。

政治领域的三人团队的典型案例就是苏联拒绝"个人崇拜"之

后建立的三巨头机制。三巨头机制涵盖政治局主席、总理和党的总书记，在个人决策机制和团队决策机制之间走了一条中间道路。这样做的好处是可以两头兼顾。其他国家也有类似的三巨头机制，相对于一位首相和 12 ~ 20 位内阁成员组成的团队，他们以自己独特的方式让国家治理更为顺畅、更有延续性。

产业界的三巨头机制通常是指公司主席（在美国是公司总裁）、常务董事和（负责运营的）公司总经理。重大决策一般由这三个人做出，然后再提交管理层或者董事会通过。无论在政治领域还是产业界的案例中，三巨头的基本特征是每个成员都负有全局性的责任。因为每个巨头并不是负责某一个部门，所以他可以专心去发展跟其他两个巨头的团队角色关系，而不会因为职责所限只考虑局部利益而不考虑公司的整体利益。

据我们观察，三人团队可以做出比较稳重的决策，但三人团队也比较脆弱，因为即便是最小的变化也可能破坏团队的凝聚力。团队规模缩小的后果是：团队成员个性特征的不确定因素被放大了。如果按照团队规模从大到小来看，我们必然会看到一个交叉点。在这个交叉点上，团队已经不再是团队，而是一个人加上几个支持者。如果走到这一步，团队做出的所有决策能否持续，便取决于领队在任多久。这就是独裁者的弱点，即使是仁慈的独裁者也是一样。只要独裁者死亡或者由于某种原因王位出现空缺，整个帝国或整个公司的方向和特色就会改变。一个领导者经年思考的重点可以在几个月甚至几个星期内就被全盘否定。如果我们考虑的是现实中的管理实践而不是管理实验，可以说，三人团队是团队规模的拐点，团队会变得太小而经不起日后的挑战。从效率角度考虑，三人组合也没有给犯错误留出任何空间。

如前所述，团队的理想规模取决于各种冲突力量的妥协。一方面，团队有必要扩大规模，全方位引进知识、经验和能力。此外，个人或代表有参与磋商的愿望，或者获得所有部门承诺的政治企图，无形中都对提高团队的人数形成压力。但要想排除干扰，最大程度地提高参与度和个人的工作效率，就必须缩小团队的规模。

环境因素影响团队规模

现实环境中的某些因素对团队的理想规模也是有影响的。在亨利管理学院时，我们就意识到了这一点。学院教学场所处在一座雅致的府邸之中，房间大小不一，里面的家具也不标准，尤其是桌子的尺寸和形状各不相同，有的是普通大小，而有的更像是开会用的。如果房间比较小而其中的会议桌很大，就会限制人在桌子周围的移动范围。这样坐在一侧的成员就不大可能到另一侧和其他人交流。而且，立式书写板上视觉工具和图表的使用也会相应减少。

桌子的形状对于团队的运作方式也有影响。如果主席坐在长桌的一头，就会倾向于按照严格而正式的方式来主持工作，而坐在正方形或者接近正方形桌子旁的则更像是团队中平等的成员。

桌子和房间对管理的人事组织影响深远。尽管如此，很多公司低估了会议室的要求，很少考虑会议室的规格。结果，除了标准办公室（太小）和大型会议室（太大）以外，没有介于两者之间的会议室。

如果房间过大，团队规模就会扩大到把会议室填满。这时，团队的规模就变成因会议室的大小而定了，但这并不符合设立团队的初衷。反过来说，通过缩减人员去适应较小的办公室，但这难免会让人以为重大决定都是小圈子做出的。

公司和机构如果能够认识到团队配置平衡的重要性和潜力，就应该提供理想的会议室和会议桌供管理团队使用。最好是建造一个会议室以适应理想的管理团队，而不是调整管理团队的组成来适应会议室。

小结

- 团体的规模越大，要求个人遵从集体意志的压力就会越大。
- 10 个人的团队规模适合罗马军队，但不适合商业实践。
- 团队有最佳规模。
- 环境因素会影响人际行为模式。

第十章
高效团队成员的特征

　　让我们看看在管理团队的方舟[⊖]里都有哪些成员吧！他们成双结对地走了进来，包括两类谈判专家（"外交家"和"凝聚者"）、两类执行力强的人（"执行者"和"完成者"）、两类聪明人（"审议员"和"智多星"），还有两类团队领袖（"协调者"和"鞭策者"）。方舟里面的成员所具备的特性以各种方式进行组合，构成了整个管理团队的基本元素。"外交家"是具有创意的谈判专家；"凝聚者"是团队内部的推手；"执行者"是高效的组织者；"完成者"能够确保交付团队任务；"审议员"是分析问题的能手；"智多星"是创造性解决方案的智库；"协调者"是团队的管控者；而"鞭策者"则是苛刻的监工（需要有超常的掌控能力）。管理团队需要由这些优秀代表组成。

　　团队需要的成员个性多种多样，那么，能够适应团队工作的人有没有共性呢？如果我们把高效的团队成员界定为很容易根据团队

　　⊖　此处"方舟"借用了诺亚方舟的典故。——译者注

现状找到适合自己的角色并发挥积极作用的人，那这样的成员有什么区分性特征呢？

多年来，在实验中，我们依靠观察员对参加实验的个人在团队中的行为进行了客观记录。在研究的后半程，我们请观察员挑选出那些他们认为对团队表现贡献最大的人。我们还请观察员详细说明贡献是如何做出的。如果我们再请观察员挑选出哪些人对团队做出的贡献最少或哪些人对团队表现有最大的负面影响，我们就可以将两份名单进行对比。这么做虽然有一定的科研意义，但从人际关系的角度来说并不合适，所以没有实施。有的观察员也会不经意地指出哪些成员在团队中有搭便车的行为。总的说来，我们通过这种方法了解到了高效的成员所具有的积极品质。对这些品质，我们是以一种绝对而不是相对的方式衡量的，没有与表现差的团队成员进行对比。不管怎么说，关于表现差的团队成员，我们已经有足够多的案例了。

超越团队角色

我们从不同层级的关键角色中挑选出了那些我们认为对团队贡献最为突出的人。在榜单上稍稍领先的是那些具备"智多星"和"执行者"特征的人。接下来是主席类型的成员，不过他们必须在某个阶段担当主席的角色。有几个获胜团队的主席一开始并不担任主席角色，但由于团队表现差，成员们要求调整角色，于是选出了新的领导。如果接下来这个团队的表现出色，很大程度上大

家会归功于新的负责人。其职位虽然是主席，但其团队角色类型
则大体类似于"凝聚者"。这样的主席可以培养出优秀的团队精
神，让整个团队在良好的氛围中取得优异成绩。早期出现的人际
冲突和困难越严重，此类新领导人就越能得到赏识。一个人的贡
献之所以得到高度认可，通常是由于团队碰上了麻烦，而这类领
导凭借自己与此岗位相关的能力和个人品质，可以拯救整个团队。
得到认可并不一定意味着这个人是一个很出色的成员，可能仅仅
是因为其角色恰巧适合那个特定环境。如果别人对此类领导赞赏
有加，还绘声绘色地说他具备令人佩服的能力，那他对团队的贡
献就更有说服力了。

通过研究以这种方式寻找到的案例，我们可以看出，优秀的团
队成员应该可以超越其团队角色的局限。在需要某种团队角色的情
况下，即使自己不属于这种角色类型，他也能及时进行自我调整，
确保自己能够高效工作。另一方面，一个人如果具备某个团队角色
的明显特征，那么在业务沿着符合其角色特征的方向发展时，他就
是整个团队的财富。不过，一旦环境不再需要他的长处，他就成了
团队的包袱。已故法国总统夏尔·戴高乐⊖便是后者的典型。团队中
优秀成员的天性和角色虽各有不同，但在某些方面也有一定程度的
共性。

⊖ 夏尔·戴高乐（1890—1970）：法国军事家、政治家、外交家、作家，
法兰西第五共和国的创建者。法国人民尊称他为"戴高乐将军"。——
译者注

高效团队成员的第一个特征：把握时机

出色的团队成员知道什么时候出手。他们会把握恰当的时机，担任特定的团队角色，行之有效地为团队做出贡献。他们沉默的时候并不意味着他们已经"关机"了。他们之所以保持沉默，是因为他们在保持关注和兴趣，寻找恰当的时机，让自己的贡献最大化。一般来说，一个抑制不住说话冲动的人或者害羞内向型的人都不具备把握时机的能力。在冲动型发言者眼里，每时每刻发表意见都不存在任何障碍，但在害羞内向型的人眼里，干预的时机不是客观现实需要这么做，而取决于自己在那个时刻是否有足够的自信。

案例
分析
滔滔不绝的强势团队成员

为了说明把握时机的重要性，这里举个反面案例。雷吉·斯科若（Reg Scorer）具有丰富的从业经历。测评分数显示，他的智力水平和创造力得分很高。他性格强势，焦虑度很低。斯科若重视团队的价值，对团队心理学兴趣浓厚，这可不是随便说说的，因为他可以轻轻松松地引经据典。

在第一次会议上，斯科若立刻显露出了才华。之后，人们对他的反响大相径庭。有的人和他保持良好的关系，而有的则迅速与他拉开了距离。但在团队中，其他成员开始拉帮结伙来反对他。只要一有机会，他就要卖弄自己的知识、经验和理念。因为面对充满怀疑的抵触情绪，他加倍努力地推销自己的观点，

寻找证据来支持自己的理念，排斥反对意见。对任何问题，他
似乎都能找到制胜点。最后，斯科若突然发现整个团队都排斥
他。别人不和他分享信息，还专门想办法来对付他。这么做似
乎比追求共同的目标还要重要。

不但如此，更为失败的是，斯科若看不到是自己的行为导
致了别人的态度越来越冷淡，甚至到了敌对的程度。即使别人
不加掩饰地表示厌倦甚至打哈欠，也不能妨碍斯科若的"智慧
之泉"滔滔不绝地喷涌而出。有一点他的表现还不错，那就是：
在团队最终失败的时候，他表现出了高姿态，很痛快地承认自
己有很多的疏忽，犯了错误。实际上，斯科若解决问题的策略
基本上是正确的。他的不幸在于，在他所属的任何团队中，其
他成员总是表现不佳。

"智多星"通常要么属于最成功的团队成员，要么就是最不成功
的成员。这可能是因为"智多星"需要得到某个团队角色（比如
"凝聚者"或"审议员"）的坚定支持。这就需要我们讨论高效团队
成员的第二个特征：具备在不同团队角色之间灵活切换的能力。

高效团队成员的第二个特征：灵活性

有一位杰出的实业家，在很多公司担任过董事。他声称自己在
每家公司担当的角色都略有不同。是不是这样，我们就很难证实了。
但我们可以从他的真实档案中窥见一斑。这位实业家最后走上了一
家国有企业的顶层位置，而且以其独特的管理风格著称。

真正具有灵活性的成功经理人

案例分析

默文·霍利（Mervyn Hawley）年轻时入职一家大型加工业企业。当时，听说这家大型企业可以提供很多就业机会，他便背负着行囊，步行进城。默文很快就因为自己强烈的事业心和积极主动的精神得到了认可，此后步步高升，直到缺乏学历成了他进一步升职的拦路虎。这时，他决定一边工作一边攻读相关技术领域的学位。毕业后，他在公司内部迅速得到提拔，速度之快超过了那些岁数更大、学历更高、出身名校的同事。最后，他手下指挥上万名员工。

默文彰显了非同寻常的才能。无论身处什么团队，他都能把自己的价值最大化。他典型的工作模式是分三步走。第一步，做好充分的准备。在此期间，他习惯于四处游走，搜集数据。因为身穿白大褂，他和三班倒的工人混在一起，常常被人当成实验室的助理。如果方法得当，人们会愿意回答有关自己工作和相关细节的问题，分享自己的观点。这么做让默文在开会时准备得比自己的同事更充分。在这些会议上，他不愿意去说自己已经知道是怎么回事。他喜欢跟人自由讨论，最终让这种讨论变成百家争鸣的论坛。第二步，就是在会议桌上，不管什么级别、什么地位，大家都各抒己见。就在似乎出现了无限多的可能性和选项的时候，第二步结束了。于是，大家开始正襟危坐。此时，默文会做出决定。至此，他成了霍利先生——公司的发动机，负责把做出的决定转化成源源不断的行动。

　　默文能够在"凝聚者""外交家"和"鞭策者"这几种角色之间转换，这种能力让他在很多不同的管理职位上都能够很好地发挥。但角色的转化是不容易让人信服的。那些有能力迅速转换的人需要向同事发出信号，表明自己当前所扮演的是什么角色。在这一点上，穿着和身体语言都可以发挥作用：有人在和同事讨论问题时会脱掉外套，从而释放掉因为级别和权威所带来的压力和约束感。同样，如果有必要，他们可以穿回正式的服装，从而找回自己的角色。有经验的经理人都有自己与众不同的办法，向别人传递自己所要扮演角色的信号。比如，可以摘掉眼镜，通过更加亲密的对视，促进人与人之间的沟通；也可以通过擦拭镜片，来表示正在对手头的问题做出思考；或者在即将做出决定的关键时刻，即使没有阅读的需要，一个经理也可以戴上眼镜，从而集中吸引团队的注意力。在一家大型的制造企业，首席执行官借助一副夹鼻眼镜，灵活地传达出转换角色关系的信号。其他经理纷纷效仿他的这套行头，于是，夹鼻眼镜变成了管理层的标配，可惜其他人就没有他运用得那么炉火纯青了。

高效团队成员的第三个特征：自我约束

　　如果经理人在团队中扮演不止一个角色，他们需要清楚地表达所要扮演的角色，同时他们还必须知道不能去扮演哪些角色。经理人通过为自己扮演的角色设限，给其他人提供机会，从而让其他人也可以发展自己的差异化能力。只有这样，团队成员之间互帮互助，团队意识才会变强，团队的共同目标才会有保障。有些经理人的自我约束能力和处事能力都让人叹服。不过，这种自我约束的重要性很容易被低估。

案例分析

成功而低调的协调者

彼得·普因特（Peter Pointer）是一家大型产业集团的董事会主席。他的年龄比通常担任这个职务的人要年轻得多。但普因特并不是神童。其他人如果要模仿他的行为是很困难的，因为他看得见的管理风格没有太多可以模仿的地方。他主持的会议总是进行得很顺利。比起其他与会者，他在参加会议时做出的干预也比较少。他最有特色的贡献就在于他的总结能力。他的总结陈词并不总是会对之前的内容做出面面俱到的描述，但他的结论总是很有见地，对会议进程的把控也无可挑剔。尽管从发言数量上看，他的贡献比例较低，但他所主持的会议能够获得扎实的进展，因而为人称道。

有意营造角色空缺

自我约束可以给其他人留出空间，让团队隐藏的资源得以开发。另外还有一种更为周全和老到的方法，就是营造出一个角色空缺让别人来填补。根据所需完成的重要工作，一个有经验的团队成员可以设计出团队需求的详细说明，但同时指出自己没有相关的资历或能力来承担这项任务。一个人越是说自己缺少哪方面的能力，别人就越有可能站出来承担任务。在此，一个优秀的团队成员和典型野心家的做法形成了鲜明对比，因为野心家往往会抓住一切机会展现自己的看家本领。但优秀团队成员的升职速度往往更快，因为他会得到同事强有力的支持。

案例分析

虚位以待

　　曾经有一个产业界的执行官在回顾自己的海军生涯时，谈及这种以团队为导向的做法，举了一个典型案例。年轻时，他曾有幸服务过一位海军上将。他很快发现，这位上将的管理风格和他在海军中碰到的其他军官都有所不同。起初，他以为这位将军的脑筋不太好使。对往来事务，将军没有像别人预计的那样扮演智慧的仲裁者和决策者的角色，反而总是把难题交代给自己幕僚中聪明的年轻人。年轻的幕僚自然会向将军提交各种报告、图表和数据表格，以支撑自己的观点。只要信息稍有繁复，或者内容稍显含混，将军通常会大惊小怪，说自己没有办法看懂报告。只要数据表可能产生误解，他的理解就一定会出现偏差。有时候，他会把图表颠倒过来看。于是，这些聪明的年轻人学会了更简明扼要地撰写报告，变得更擅长于组织自己的观点，能够把相关的信息和无关的信息区分开来。就像这位将军做的其他事情一样，他最终做出的决定总是正确的。后来，这位执行官得出一个结论：其实，将军不像他最初以为的那样老迈昏聩。相反，他思维敏捷，而且擅长指挥自己麾下那些聪明的年轻人，让他们取得进步。

高效团队成员的第四个特征：坚守团队目标

有经验的团队成员会替其他成员打下基础，按照他们各自适合的角色营造出相应的空缺。经理们喜欢这么做的原因可能各有不同。让别人来做事可以给自己喘息的机会，减轻自己的负担。有时候，很难分清楚他们究竟是在盘剥其他团队成员，还是给其他团队成员进步的机会，但事实证明，这样做非常重要。一个团队的成功很大程度上取决于大家能否把团队目标置于个人利益之上。一个以团队驱动为管理理念的经理人会为其他人设定团队角色，因为这么做是为了实现整个团队的目标，而不是有什么不可告人的目的。有时候，团队成员都在逃避团队需要完成的某项工作。在这种情形下，经理人如果更看重团队利益，那么不管本人是不是愿意做，都会挺身而出。换句话说，团队成员是否优秀，不在于他从事或不从事某个岗位，而在于他能否根据实际需要灵活地调整自己的行为。经理人要学会判断团队中每个成员的能力如何与需要完成的任务相匹配，对自己、对他人都一视同仁。

在面对别人避之不及的工作时，有的团队成员能够勇敢地站出来迎接挑战。他们之所以介入，原因只有一个，那就是：工作需要。

迎难而上的能力

案例分析

　　身为一家大型钢铁联合企业的工程经理，弗雷德·布伦特（Fred Blunt）在处理不受欢迎的任务方面是个行家。弗雷德来自约克郡，从底层一步一步晋升到中层。他从公司的中层梯队中逐步脱颖而出，并通过参加夜校进一步完成了自己的学业。和公司其他高层相比，弗雷德的个性、视野和能力都与众不同。其他的同事多数都顺利地完成了大学教育，之后公司也为他们的职业发展进行了投资。伴随着他们职位和工作地点的变化，他们的经历和职责都相应得到了拓展。但弗雷德则是"土生土长"的优秀人才。没有人为他做过什么规划，让他得到现在的职位。他的提拔是计划外的产物，但没有人为此感到懊悔。弗雷德的智商并不高，但在应对不同的人和环境方面，他有无可比拟的能力。虽然有的同事时不时会和他发生冲突，但都会承认他是管理团队的能手。

　　有一次，公司的劳资关系出了问题，而且久拖不决。相关的经理们碰头讨论解决方案。后来事情的来龙去脉逐渐搞清楚了：和此事有直接关系的劳资关系负责人斯平克（Spinks）没有把问题处理好。这一点让人有些诧异，因为斯平克是一名年轻的大学毕业生，能力很强，但在这件事情上，他受到个人情绪和理想主义的左右，没能做出理性的判断。一旦理清了斯平克犯下的错误，就可以看出他是整个链条上最弱的一环。他必须离开岗位，但又没有地方安置他。也许可以为他找一个临时的岗位，但最理想的解决方案是让他离开公司。但离职对他来说根本不是什么大问题，因为他的简历很优秀，还是很容易找到工作的。除了弗雷德以外，与会经理们都不同意这个方案，因为这么做太突然了，也不太公平，但这是最理想的方案。"有人告诉过斯平克他的活儿没干好吗？"弗雷德问道。大家都含糊其辞。虽然有人曾经暗示过他，但没有人明确地跟他说过，因为这种事很难说出口。当别人给斯平克出谋划策时，他总是乐呵呵地答应，但没有做出任何实质的改变。"他是否知道自己没有做好？"弗雷德又问道。回答仍然是含糊其辞。"好吧，"弗雷德说，"把斯平克叫到我的办公室，我现在就要见他。"当天，弗雷德来到厂务经理办公室，经过双方协商，解除了斯平克的聘用关系。

弗雷德·布伦特是一个性格温和、深受欢迎的经理人，但如果需要面对某种棘手的人事问题，他绝不退缩。正所谓烈火见真金，一件重要工作没有人愿意去做的时候，能看出一个人真正的品行。有时候需要的是道义勇气，或是严苛的自律，甚至是愿意在枯燥无聊中坚守。高效"鞭策者"的特征之一，就在于他能够根据公司利益进行良好的判断并愿意做出个人的牺牲。有的人只是想和团队保持紧密的隶属关系，却被误认为具有这种品格，其实两者没有什么共同之处。

总之，团队成员是否高效，应该看他是否超越了他和特定角色的匹配程度。如果别人认为某个人"最好能加入我们团队"，那么这个人应该有能力把握出手的时机，能够调整自己的角色，厘清自己的职责范围，为他人营造角色空间，而且勇于承担别人努力逃避的工作。至于这些倾向属于能力还是属于品格，这一点见仁见智。道理很简单，一个有团队精神的人，即使资历不怎么出彩，也会被招募进一个团队，因为他总是竭尽全力地去贡献，而不会去贬损他人的成就。在关注候选人特殊才能的同时，那些负责组建团队的人应该同样关注这个人是否具备团队精神。

小结

- 某些团队角色可以自然配对。
- 高效的团队成员知道如何把握出手的时机。
- 优秀的团队成员会为他人创造机会。
- 优秀的管理者在面对实际问题时能够展现自己的优秀品质。

第十一章

团队设计的五项原则
和基本步骤

　　多数情况下，人们都是在得到任命后才加入到管理团队中去的，他们的工作目标也是由自己任职的部门或职责决定的。团队的组成并没有经过整体的考虑，这样的团队其实不过是一些随机找来的高级管理人员的集合，团队成员所具备的种种癖好和特征跟一般的人群没有什么区别。但我们的研究表明，团队成员相互之间的默契程度对团队的运作效率是起决定性作用的。这一点与团队成员具备会计、工程师和销售人员的才干同样重要。问题在于，人的包容程度比技术能力更难以衡量。关于如何解决管理团队的默契问题，我们的实验和实践给出了一些线索。我们采用的做法和技巧是多种多样的，但基本原则是不变的。为此，我们总结出了五项团队设计的原则：

　　1. 团队成员可以通过两种方式帮助实现团队目标。他们可以按照自己的角色职能，根据实际情况来发挥自己的专业技术特长。他们也应具备某种潜在的重要角色素质。团队角色反映了一个人在推进团队工作时如何和其他成员进行互动。

2. 团队需要尽力优化职能角色和团队角色之间的平衡。至于如何将两者融合在一起，取决于团队的目标和任务。

3. 团队成员应该认识到自己在团队中具备某些角色所需的能力和特长，并相应地做出自我调整。这种认识和调整的程度越充分，就越能够提升团队的效率。

4. 个人特质决定了团队成员适合某些团队角色，但也限制了其在其他角色上的发挥。

5. 只有在具备了足够全面的各种团队角色，且能够实现有效团队合作的前提下，团队才会最大程度地展示其技术资源。

获取可靠角色信息

获取成员的可靠数据是打造高效团队的第一步。如何做到这一点，需要我们认真思考。我们的方法是获得批量的心理测评数据，其中有些工具是我们自己研发的，专门用来获取团队角色个性和能力方面的数据。有些资源丰富的大型企业会采取类似的方法。比较受欢迎的办法是在招聘时获取所需数据。这不仅可以帮助企业在选择员工时做出更明智的决定，也可以借此建立一个长期有效的数据库，在未来发挥各种可能的作用：比如，此类信息可以用于指导职业发展。公司在调配工作时，可以考虑某个人的团队角色和工作的具体环境是否契合，进而让员工可以一展抱负。

获取角色技能数据的另一种办法就是企业内部培训。通过培训，学员可以了解测评的方法，掌握决定管理团队效率的原则。既然他们希望了解培训的内容，那么就请他们完成两项关于团队角色的问卷：一份问卷考察的是自我认知，另一份问卷考察的是已知团队同事的角色技能。问卷中获得的数据可用于在培训中组建实验性团队。如果实验有所收获，学员可能会认可这些数据具有建设性意义，应该广泛应用于组建或者重组管理团体或项目团队。要取得这样的效果，首先需要团队成员之间高度互信，而且需要把团队角色的个性差异梳理得让成员信服。

但是，组建整合得很好的团队未必需要复杂的方法和流程。很多公司会对经理人进行年度测评，并以此服务于管理层规划和人才发展的目标。有时候，经理人会觉得，自己对直线下属有足够的了解。其实，要想了解管理层的优缺点以及管理风格，相关的数据并不匮乏，缺的是战略，即如何更好地利用已有的数据。熟悉团队角色理论的经理人曾经提到过两种方法，可以帮助他们在处理简单的日常事务时调整自己的工作方式。

有的放矢地招聘

一提到团队设计，人们首先想到的就是招聘。如果要找一个经理人，公司需要找什么样的人呢？对这样的问题，企业的第一反应往往是找那些和现有人员相匹配的人，因为这样的人和现有的同事之间不怎么需要磨合。但我们已经看到，那些不需要磨合就被同化的人，未必是解决团队面临问题的最佳人选。从团队角色层面来说，企业其实是需要找人来填补团队中的角色空缺。其实，如果不掌握管理团队各角色的量表，不去分析量表中缺失哪些因素，就谈不上招聘。一旦走完这一步，企业就可以描绘出招聘对象的大致画像，并制定相应的招聘参数。面试时，面试官需要考虑的关键问题就是：应聘者与这些参数的相关度有多高？

内部招聘

利用团队角色理念能够带来的第二个好处表现在内部招聘方面。许多经理人都说，内部招聘的好处是，由于经理人对应聘者能否对团队角色的缺失做贡献更有信心，因此，在决策时会表现得更加大胆。比较典型的情况是，新经理人的经历未必完全适合，但其天性和行为模式完全可以弥补他专业知识上可能的缺陷。反过来，这对公司也有很重要的意义：有的公司一旦发现内部招聘从团队角色层面看会产生不利影响，便以技术原因为借口取消了内部招聘。

在这些反面的案例中，我们很难证明这种取消招聘的做法是对的，因为没有人能证明这么做可以避免犯错误。如果有些员工转岗时主要考虑工作经历和技术专长，而没有考虑到人际关系方面的因素，通过回顾这样的案例可以更容易看出管理层在判断上曾经犯下的失误。

不要轻易破坏搭档关系

一个常见的错误是，低估那些把最小的团队凝聚在一起的动态因素。为了填补管理层的空缺，管理层往往把高效的搭档拆开，甚至美其名曰"管理发展的善意举动"，但他们很少意识到，两个人之间的相互依赖对一个部门的运行有多么重要。在产业界工作的某个时期，我亲眼目睹的一个小插曲，很好地诠释了这种一对一关系有多么重要。

**案例
分析**

拆散高效的搭档

奥哈拉（O'Hara）刚开始引起我注意时是一个大型生产部门的办公室主任，该部门所属的公司从事塑料挤压和加工业务。有一天，部门经理的职位意外地出现了空缺，这让该部门长期以来一直存在的种种生产线危机和混乱达到了顶点。在这期间，只有一个人脱颖而出，能够维修反复出现的机器故障，有效地遏制了废品率的上升。西姆斯（Sims）是工具车间的修理工。其实，之前的领导也曾发现他的与众不同。在前一年，工具车间的经理休过病假，西姆斯曾临时负责过工具车间。但那次提拔的尝试并不成功，因为西姆斯仍只做自己的日常工作，只有在别人的推动下才会和工具车间的其他人配合工作。工具车间的经理回来后，大家都松了一口气。但现在需要有人负责整个部门的工作，在没有其他候选人的情况下，只能在奥哈拉和西姆斯之间做出选择。问题在于，是选择一个技术上资历不够但擅长和人打交道的人，还是选择一个丝毫没有管理天赋的技术能手呢？

尽管还有人持保留意见，但经过深思熟虑后，管理层还是把这个岗位给了奥哈拉。奥哈拉接受了任命，但条件是，把"闷骚的西姆斯"（大家都这么叫他）调动到该部门作技术领班。公司同意了他的要求。接下来，他还要面对这次职位空缺出现之前困扰着整个部门的那些老大难问题。但几个月之后，管理层用以监测工作成效的各项指标开始出现上升的势头。这确实令人振奋，因为奥哈拉和西姆斯在过去的几年里同身共处地经历了工作上不断的麻烦。

在部门内部，两位同事紧密配合，建立了友谊，而在部门之外，奥哈拉积极去拓宽人脉和工作领域。随着时间的推移，奥哈拉逐渐和公司高层搭上了线，经常去参加高管会议。在会议上，他的谈吐对一个在工厂工作的人来说是出类拔萃的，而且他富有人格魅力，对实际发生在生产一线的情况有着清醒的认识，这给大家都留下了很好的印象。只有在讨论事先没有准备的事项有哪些可能的选项时，他才会迟疑不决。如果需要讨论技术问题以及复杂的政策问题，他总是希望有时间和自己的同事商量。

随着业务的发展，公司需要在 15 英里之外的阿什维尔建一

条新的自动化生产线。奥哈拉被提名为新工厂的厂长。这个选
择似乎再自然不过了。奥哈拉很开心，但请求管理层让西姆斯
作技术厂长，和他一起去新工厂工作。但对奥哈拉来说，不幸
的是，管理层认为现在的岗位不能没有西姆斯，除了西姆斯，
他可以挑选任何人。这个决定让奥哈拉很沮丧，但他还是面对
现实，斗志昂扬地去组建新厂了。

　　我再次来到这家公司时，已经是一年半以后了。这让我有
机会去了解两位朋友的现状。不幸的是，他们的运势不佳。奥
哈拉的厂长当得并不成功，他根本没能驾驭任何真正要处理的
问题。他首先被召回到公司总部任副厂长，后来又在公司大裁
员时丢了饭碗。西姆斯仍在原来的车间解决新生产线上的问题，
但已经不再担任领班了。之前两人卓有成效的合作关系早就被
人忘得一干二净了。

　　成功的搭档在公司顶层比在基层要稳定。为了公司的整体利益，
"主席"和"总经理"会维持业已建立的良好合作关系。对比之下，
任何基层经理结成的"连理"即便工作富有成效，也仅仅会被当作
两个有能力的个人而已。公司高层会决定他们各自的命运，把他们
分配到不同的工作团队之中。这么做有时候是可行的，有时候则行
不通。这种角色关系不那么容易看得出来，所以在考虑到职业发展
时，很可能会被忽略。

　　西姆斯和奥哈拉的合作关系存续期间，他们可以形成优秀团队
的核心。可是，一旦他们被分开，如何安排他们，就变成一个富有

挑战性的问题了。多数情况下，人事部门会首先安排奥哈拉，因为他级别更高。但考虑到组建高效团队的需要，西姆斯更需要人事部门予以关注。这么做的理由如下：如果经理人在人事管理、角色发挥和业务方面能力比较全面，那么，与他们手下的专业技术人员相比，他们就更容易调职。好的经理人可以自由流动，而且不会因任命产生太多的问题。鉴于此，如果更多的是考虑技术因素，那么，更好的策略就是，优先为一个部门找到一个一流的技术人员，然后再找最适合该技术人员的经理人跟他搭档。

先选能人，再找领导

在"高管沙盘实战演练"中，我们就是采用与常规做法相反的顺序来组建成功团队的。我们首先找到一个聪明过人且富有创造力的人或"超级智多星"，之后，再去选优秀的团队领导。在现实的管理实践中，类似的做法是，首先找相关领域最有才华的人，而不是找一位经理人。

假设要建一座重要的公共建筑，这座建筑不仅要满足功能需求，而且要能成为同类建筑中的丰碑，那么第一步就是要找一位出色的建筑师。假设一家公司要造一种公司内部使用的、规格要求很高的特种机械，同时又希望把这种机械销售到公司之外更广阔的市场，以消化开发成本，那么首先考虑的就是找一位出众的设计师。在这两种情况下，完成第一步之后才可以考虑下一步的动作——如何对整个项目进行管理。

上述步骤的一个备选方案是，把第一步委托给建筑设计或者工程设计咨询公司。但这只能是第二个选项。一家公司的高度是由它的明星成员决定的。可能类似的经历是：当你重新光顾一家以餐饮著称的酒店时，结果发现最有才华的大厨半年前就离职了。对于服务型的公司，在对其核心人物的才能有更多的了解之前，归根到底是不可轻信的，因为核心人物才是满足客户需求的最关键人物。

我们回过头来，再讨论公司内部的这个项目。我们的建议是，先找到最优秀的专业技术人员或最合适的能人，再找项目领导。对此，有人提出反对意见，认为只要选拔程序不公开，最终的选拔人选还不是一样的嘛。先选 A 再选 B，或先选 B 再选 A，最后搭档的还是那两个人。在有些人看来，决策顺序跟最终做出的决策之间没有必然的联系。这种观点好比认为在象棋中走同样两步棋，孰先孰后无关紧要。我们认为，这种观点是错误的。

团队设计图

让我们研究一下根据不同目的打造的两类团队，每个团队都由五名成员组成。一个团队负责设计新产品并准备好产品模型；另一个团队负责让生产新产品的系统更为流畅。对第一个团队来说，它需要的是天才设计师。但天才设计师需要一个智力上同等出色而且能让该天才设计师敬佩的人来监督和管控他。公司为这个岗位找到了合适的人选，但他和设计师都不符合"经理"的画像。我们接下来不得不找一位经理来"主持"这个项目，这个人应该比较低调，能够给团队里的能人自由发挥的空间，还应该具备自我管控能力，能够时刻保护其他人。接下来，再去找一位具有创造力的成员，他的才能最好和第一个人选的创造力相得益彰，而且人脉比较广。而最后一位成员应该是大家都接受的，因为他能够和其他人配合好工作，但凑巧不擅长工作中的跟进。这就决定了最后一位成员必须具备扎实的组织能力，而且擅长处理收尾工作。下面，我们用**团队一**来标记团队角色比较平衡的团队，可以和**团队二**中的成员组成进行对比。在此，重点从管理创新转变到在人际关系比较敏感的领域能够高效完成工作上来。

两个五人团队的设计图

团队一

"协调者"兼"凝聚者"

"超级智多星"	"审议者"兼"执行者"
"外交家"兼"凝聚者"	"执行者"兼"完成者"

团队二

"鞭策者"兼"完成者"

"审议员"兼"凝聚者"	"凝聚者"兼"执行者"
"执行者"兼"凝聚者"	"完成者"兼"凝聚者"

对**团队一**来说，因为人力资源配置丰富，主要的管理问题是要控制好平衡，好比在行船，偶尔掌一下舵就可以了。但**团队二**则需

要保证一线的领导力。获任命的领导者要充满斗志，且有强烈的成果导向，才能保证工作按时完成。由于**团队二**的主要任务是顺利实施项目，所以领导者之下必须有一群支持者。针对领导者披荆斩棘的能力，每个成员都可能具备一些弥补和掩护能力，同时又具备技术方面的能力，能为团队做贡献。和**团队一**相比，**团队二**的成员之间相似度更高，在某些情况下，这是不可避免的。但如果领导者的画像属于"鞭策者"兼"凝聚者"的类型（这种组合不是不可能），那么打造一个支持性团队的好处就不大了。如此，便可以引入一些其他类型的团队角色，在团队内部和领导者之间营造一种竞争氛围。

此团队非彼团队

一个团队聚在一起的次数越多，团队成员之间的互动问题就越重要。如果团队很少聚在一起，又会怎么样呢？如果大家都忙于自己的工作，所谓的团队合作就变成纯粹为完成工作而互动，而不是聚在一起形成一股合力来提升工作效率。这么做虽然降低了角色冲突的可能性，但团队角色覆盖率的问题仍然非常重要。团队成员会被分配与自身团队角色相符的任务，只有在完成或快要完成任务时才会有正式开会的机会。

很显然，有些人会以团队的形式在一起工作，但并不属于工作团队的一部分。反过来，属于同一个工作团队的人也未必就是一个团队。团队的本质在于，团队成员能够分工合作，而分工能更好地反映出每个人为了团队的共同目标所做出的贡献。团队要发挥作用，并不一定要求成员在同一时刻出现在同一地点。

在产业界，如果能够对自然形成的工作团队中构成团队角色的要素予以认真思考，其实很容易构建出优秀的项目团队或管理团队。在管理实践中，之所以无法自然形成一个结构平衡的团队，原因是多方面的。正如我们在第三章中讨论过的那样，人们之所以被选入工作团队，常常是因为跟现有成员有相似的特点。这样做的结果是，团队中有的角色过剩，有的则缺失。在公司高层之所以会存在团队角色类型相似的情况，是因为组织通常会喜欢那些工作风格相似的人，并通过晋升予以犒赏。

传统组织如何打造高效团队

僵化的企业层级结构会阻碍合适的成员加入团队。这就产生了一个问题：一个企业如果不招聘新人，又不能把现有人员调离岗位，怎么能组建一支优秀的团队呢？

对此，我们建议，要避免以职权建团队。比方说，把各职能部门负责人召集到一起，很容易就变成了"鞭策者"的聚会，其后果是灾难性的。较好的做法是，根据团队设计的原则吸收不同层级的成员，组建项目团队或研究团队。空缺各职能部门领导那样的权威，这样的团队可能更高效。但由于项目本身的定位有限，需要想办法在项目团队和企业之间建立联系，从而得到企业整体的支持。如果

项目团队的成员不是由部门负责人提名，而是由组建团队的负责人
提名，那么，从人事关系和意见征询的角度考虑，就需要让这些部
门的负责人参与进来。最简便的方法就是组建一个项目指导委员会，
委员们会偶尔开会，抽少量时间在团队的原则和目标上给予指导。
这样的机制可以让团队直接向公司首席执行官汇报工作。通过这
样的方法，以理想的方式组建的项目团队可以保证自己的独立性。
即使现有层级体制中有人恪守现行的做法，也不会抹杀团队的
效率。

为了打造更高效的团队，一项基础工作就是要营造合适的环境，
让精心设计的团队得以组建并且发挥作用。只有这个前提成立，才
有可能去探索在创建最佳人员组合时所面临的很多问题。在组建团
队时，需要衡量每个潜在成员在技术上和可能担当的角色上有哪些
优势。这个流程一旦开始，我们可能会发现，不管做什么工作，有
些人对团队的贡献会更大。团队设计意味着寻找各种类型的优秀代
表。一个具有创造力的成员需要能够天马行空，而不是稍微有些创
造力就可以了。一个思维缜密而可靠的人可能会因能出色完成任务
而受到赏识，但与那些性格矜持同时又渴望完成任务的人相比，前
者就稍逊一筹。

团队设计需要遵循的原则和概念虽然数量有限，但可用的方法
和技巧则是多种多样的。传奇人物就好比是用不同黏土做成的砖块，
在烧制之前结果难以预料，但正因如此，才让团队建设升华成为一
门艺术。

小结

- 大多数团队都是从前任手里接过来的，所以组建理想团队是
  一项很困难的工作。
- 理清现有团队中缺少哪些团队角色，有助于推动招聘工作。
- 拆分成功的搭档时要谨慎，因为他们的能力是互补的。
- 团队角色的平衡要和工作目标相匹配。

第十二章
公共事务管理团队

时光荏苒，我们与亨利管理学院合作组建管理团队的实验不知不觉地走到了尾声。实验中的精彩发现已经不在，预测的结果已经成为过去，分手告别的时刻已经到来，这一切似乎都在我们的预料之中。关于组建团队会碰到什么问题，以及如何解决这些问题，我们收获颇丰。当时，我们认为，分享经验的时刻已经成熟。

当我们朝着这个方向前进时，公共管理领域的很多机构和个人表达了对我们工作的兴趣。这让我们犯难了。我们的经验很大程度上源于实验中组建的、为实现财务成果而相互竞争的团队。通过对比各团队的财务成果，我们可以衡量团队的有效性。

一方面，我们的研究成果似乎更适用于私营企业，不太适合非商业目的的组织；另一方面，有人认为，分析财务成果不过是衡量团队效率的最便捷手段而已。

这些实验性团队的成败取决于一些特定的原则。从中得到的经验和教训是否适用于公共事务的管理呢？如果适用，就可能意味着我们的研究成果要对规划和决策过程中的关键环节进行检验，确保具备关键技能的人得以加入规模适当的团队，发挥自己的才能，以及对选贤任能者进行培训，让他们了解如何才能组建各种角色足够平衡（同时也要考虑到其他需要平衡的因素）的团队。如果能够严格按照程序选贤任能，那么无论是中央还是地方政府的工作效率都会得以提升。

政府的权力真空

原则上说，如果政府的管理结构轮廓分明、汇报机制简单易懂，那么上面提到的做法实施起来会很简单。但这恰恰是政府所缺失的。和产业界相比，民主社会的公共事务机构不仅过于复杂，而且操作起来也没有秩序可言。旁观者常常搞不懂重大决策是在哪里做出的，事实也确实如此。

安奈林·比万（Aneurin Bevan）⊖是负责创建英国国民保健署的威尔士政治家。在他看来，他的一生就是政治家追求真正权力的过程，但到头来，他无奈地宣布，他的追求无果而终。

有一次，我们收到了澳大利亚公共服务理事会的邀请，请我们去举办一次关于如何运作管理团队的研讨会。当我们踏上前往堪培拉的研究之旅时，不时会留意到权力和责任捉摸不定的本质和轨迹，

⊖ 安奈林·比万（1897—1960）：英国政治家。早年当过矿工，工会活动份子。1929—1960 年为议会工党议员、工党左派领袖。1945—1951 年任工党政府卫生大臣期间创建了国民保健署。——译者注

这也印证了比万的说法。

澳大利亚的堪培拉是世界上少数几个根据特定目的建造的首都之一。建都之前，堪培拉只不过是一座乡村小镇，现在却被打造成拥有 20 万人口的景观都市，因为这样的规模才能和澳洲大陆的面积相匹配。关于公共政策和解决相关问题的策略，我们到这个政府机构最集中的地方来寻找答案似乎是顺理成章的。这些问题，不仅澳大利亚有，其他发达国家也有。

尽管总理办公室的工作人员带领我们走遍了堪培拉，介绍我们认识了很多有合作态度的人士，但关于真正的决策权力在哪里仍然没有明确的答案。人们总是让我们去各州州府，可我们正是从州府来的。

澳大利亚本土的同事对此毫不惊讶。政府的权力看起来似乎是从中心向外扩散的，其实，越靠近中心，越发现权力难以捉摸。想要弄清建造这座首都的目的到底是什么，实地走访还不如站在远处看得真切。

有人也许会认为，由于权力具有腐蚀性，所以最好不要在某个地方过于集中。然而，刻意避免权力的集中也会造成管理真空。有些需要紧急处理的事务超出了任何组织和个人能够处理的职责范围，有些问题即使本来可以解决，也可能恰好落在不同部门之间尴尬的真空当中。对此类问题，现有的国家机器会觉得难以行之有效地解决。

规模庞大本身也有问题，这一点很多大型企业都已经很熟悉了。但政府同时受到规模庞大和事务异常繁杂的双重影响，因为政府管理是建立在选举上来的民意代表和公务员之间本就不稳固的合作关

系之上的。传统意义上，政治人物将一揽子具有竞争意味的选项供
选民挑选，成功当选的个人或集体接受任命，治理国家，而公务员
则负责把政策变成付诸实施的种种规划。那么，到底谁更有能力来
组建理想的决策团队呢？

政治家及其团队的特征

从宪法角度来说，如果我们把政治家看成是合作关系中等级较高
的一方，而且他们也按照公众所赋予的角色发挥作用，上述问题的答
案理应是政治家。以此为基础，我们考虑一下政治家是否具备成功的
基本条件，也就是组建一个制定政策和做出决策的管理团队，团队的
规模大小适中，而且团队成员在各项角色能力上分布比较均衡。

在这一点上，我们会不可避免地遇到困难。政治实践中难免有
各种条条框框的约束。首先，关于团队规模我们无能为力。国家对
选民和民意代表之间的比例是有规定的。选区规模也是固定的。能
够登堂入室的民意代表的数目也常年不变。议会、参议院或国会
（或者世界上任何国家的类似机构）都有几百名代表。

英国议会共有 600 多名议员。这大概比我们理想中从事政策制
定的团队规模大了 100 倍。

规模过大的代表大会

有人也许会说，虽然授权制定政策的是议会，但实际上权力的

来源是政党代表大会。如果真像这样，我们还会碰到老问题。政党
代表大会的规模过大，而且日程往往集中在那些较为传统的议题上，
处理方法也比较老套。这么做也许没有什么不对，因为大型会议不
是解决难题的合适场合。除了规模以外，大型会议的氛围也不合适
进行冷静的分析，进而做出周全的决策。

委员会非真正的团队

的确，许多重要决策是由各个委员会做出的。委员会在一定程
度上解决了大型会议的"嘈杂"问题，但从某种程度上说，委员会
是大型会议的浓缩版。虽然规模的缩小缓解了大会中各方各执一词、
莫衷一是的矛盾，但并不能完全避免争吵。规模的缩小可以让与会
者更充分地交换意见，但要在方法上协调一致还是困难重重。政治
团体或委员会的成员还是会把自己视为独立的个体，在委员会里还
是要去争取自己的利益，或是表达与自己利益相关的某个政见。

这种对个体利益的追求和团队的要求是水火不容的。"团队"和
"团体"的差别就在于，团队要求成员在扮演自己的角色时进行自我
调整，以便让整个团队更高效。团体之所以成为团队，是因为其成
员是有组织地编入团队的。但在众多政治团体或委员会中，有哪一
个强势的组织力量或者一个选举者能够完全决定或者建议团体需要
什么类型的成员、每个成员又要扮演什么角色呢？

让我们把政治家们入职之前如何制定政策先放到一边，从他们
走马上任开始考虑。这里，我们不仅要问：他们有没有可能成功扮

演什么团队角色呢？

虽然没有掌握什么直接证据，但最起码有一些线索可供我们参考。我们只要先想想政治家最初是如何选出来的，就能看出他们到底有哪些品质。

政治家可能扮演的团队角色

政治家要想出人头地，就需要把自己塑造成使命的担当者，去点燃民众的热情。这是一种描绘愿景、感知和回应民众情绪的能力；这也是一种运用说服技巧和自己的能量在广泛领域里把事情办成的能力。

可以看出，这些要求明显具有"鞭策者"和"外交家"的特征。这样的人可能属于高度外向型的性格，而且一直要四处奔走。他们更善于处理紧急事务，更善于回应短期的而非长期的政治诉求。哈罗德·威尔逊⊖爵士把政治上的风云变幻形容得很到位："在政界，一个星期是一段很长的时间。"

无论是政治家的内在素质，还是他们承受的外部压力，以及他们日常工作所处的环境，都不符合我们对高效的小型决策团队的设想。因此，把他们看成政治进程的守护者和政局的掌控者更为合适。

⊖ 哈罗德·威尔逊（Harold Wilson，1916—1995）：20 世纪英国最重要的政治家之一。曾分别在 1964 年、1966 年、1974 年 2 月和 1974 年 6 月的大选中胜出，虽然他每次在大选中只是险胜，但综合而言，他在大选中获胜的次数冠绝 20 世纪所有的英国首相。另外，比较其他同时代的政治人物，他被普遍认为是一位智慧型的政治家。——译者注

公务员团队

下面我们来谈谈政治家在政府中的合作伙伴——公务员。多年来，对参加过亨利管理学院培训的公务员的测评结果告诉我们两件事：首先，他们类似于产业界的企业规划师，但性格比较内向，这一点和产业界的经理人不同；其次，许多公务员的智力水平很高。第二点验证了他们需要通过严格选拔才能进入公务员队伍的事实。

这些特征使他们可以胜任两种"聪明"的团队角色："智多星"和"审议员"。如我们所料，这两种角色在公务员队伍中相当普遍，但这两种角色都不太能轻易适应政界。具有创意的人很容易与一个党派的政治共识产生冲突，而在公务员队伍里他们很可能被埋没掉。对"审议员"来说，从政的前景也不大光明——没有生气、毫无热情、做事慢吞吞的人根本就不是从政的料。公务员队伍中还有一些"执行者"和"凝聚者"，这对那些肩负行政职能的人来说是正常的，而"鞭策者"和"外交家"则相对少见。

说到提拔，要想当上高级公务员，就必须能在团队中发挥有效作用。一旦走上领导岗位，公务员便可以控制自己团队的规模而不受外界的影响。总的来说，相比政治家，公务员在组建高效决策团队方面具有先发优势。

矛盾之处在于：政治家和高级公务员在很多方面都擅长完成对方本职工作中最关键的部分。高级公务员既有时间制定政策，也擅长和倾向于制定政策；而政治家则更有决心、有能力、有办法把政策转变成人们认可的行动。

政治家与公务员角色互换

事实上，一旦政治家走马上任，这种角色互换在一定程度上就是存在的。在面临种种压力的时候，表面规则和实际规则之间是有差异的。政治家因为要经常参加形形色色的盛典，不得不把一些决策工作留给公务员去做，而表面上表现得自己仍然是局面的掌控者。

> **案例分析**
>
> ## 公务员和政治家之间的角色分布
>
> 借助剑桥大学的优势，我们对公务员和政治家之间的关系进行了深入研究。能有这样的机会，一部分原因在于我们和两个部委联系密切；另一部分原因是由于剑桥大学是一个重要的会议中心，政府的部长们经常来参加会议，并对各种政策进行说明。
>
> 一个常见的现象是，部长们自己从来不写发言稿，除非他是在对自己的支持者发表演讲。在剑桥的一次会议上，我们亲眼目睹了这一幕：一位部长带着三名官员作为随从，这三个人个个面无表情，而且在会议期间也没有扮演任何明显的角色。当时，有人问了个大胆的问题："你们三人当中，是谁写的这份演讲稿？"他们三人起初吃了一惊。随后，其中一位举了举手表示回应，面带笑容地反问道："您喜欢这份讲稿吗？"负责撰写这份演讲稿的人其实是三个人当中资历最浅的，另外两人分别是他的顶头上司和部长的私人秘书。

有时候，部长都见不到给自己写演讲稿的人，这一点也反映出在政府中某些不起眼的人本事有多大。虽然这种影子作者默默无闻，比部长身边的人地位要低得多，事实上却有很大的影响力。根据可靠消息来源，下面我介绍一下英国战后一部最重要的产业法规出台的来龙去脉，从中可以窥见新政策出炉的路径是怎样的。

> **案例分析**
>
> ### 幸运的错误
>
> 有一天，一位年轻的牛津毕业生要为一位部长在产业会议上的发言写演讲稿。这位富于想象力的年轻人很天真地根据自己的想法写了稿子，因为当时他的领导正在休假，他甚至没有和领导就稿子的内容进行讨论。虽然他的想法得到了很好的阐述，但没有得到领导的认可就交给了部长。这位影子作者的上司意识到自己的手下如此越级行事之后，想方设法要把稿子撤回进行修改。可是部长说："不用了，我喜欢这份稿子。"于是，发言稿原封不动地保留了下来。
>
> 发言稿观点鲜明，引起了《泰晤士报》记者的关注。记者就演讲稿的内容向部长发问，这位部长为了维护"自己"的观点，说"这个问题正在研究之中"。接下来，部长的职位做了变动，但演讲稿中涉及的问题已经被列入该部门的议程，后来作为一个提案提交议会审议，最后成了法律。

由公务员提交政策的优势在于，部长们一定会审核这些政策，其中有的会被接纳，有的会得到修改，或者被驳回。在此过程中，双方有机会建立起高效的工作关系，政府的这两只臂膀都能充分认

识彼此最擅长发挥的作用。其实，类似这位牛津毕业生的故事并不
常见。我之所以会知道这个故事，是因为这种情况在政府工作中十
分鲜见，政府的工作流程也不应当是这样的。

政府管理工作的失衡

以团队角色的理论指导政府管理工作，需要公务员和政治家的
共同参与。政府管理包含三个步骤：设想的提出、对设想进行评估
以及决策。三者中的最后一步是民选代表们的专利。前两步走完后
再走第三步，而且前两步要有一定程度的独立性，只有这样，政府
管理才能取得平衡。虽然理应如此，但有时，由于宪法中的正统观
念认为政府管理应该完全由政治人物来控制，这种平衡就会被打破。
因为没有相应的制衡机制，这种制度失衡是很容易发生的。在许多情
况下，计划是在政治层面上拟定的，但在转化为项目和可行性评估方
面又没有得到职业管理团队的支持，所以这种失衡尤其容易出现。

> **案例分析**
>
> ### 胜利与灾难如影随形
>
> 最初撰写本章时，适逢彼得·霍尔（Peter Hall）教
> 授的大作《巨大的规划灾难》（*Great Planning Disasters*）出版。
> 书中引用美国、英国和澳大利亚的大量案例，说明了政治家独
> 自或协同采取的大胆举措会带来多么严重的后果。其中一个案
> 例就是英法合作的协和飞机，霍尔教授称其为"历史上代价最
> 大的商业灾难"。其实，仅仅从成本提高的角度，它还远远比不

上悉尼歌剧院。

协和飞机项目源于一份完全由航空界人士组成的委员会所撰写的关于超音速飞机的报告。报告本身并不足以成为项目，也没有公开。但相关部门的部长非常大胆，在提交给下议院支出委员会的报告中，他异常坦诚地解释道：

"我很清楚，作为部长如果我去财政部申请拨款一定不会被批准。所以在1959年6月，我利用去法国巴黎航展的机会，向法国提议和英国共同开发协和飞机。这个项目就是这么开始的。回顾过去，我不得不承认我的部门和我本人没有相关的知识，也没有预测过潜在的市场规模。"

英国已经多次取消新机型的研发，为了重振英国航空业，需要研发新的机型；航空业的选票非常重要（政府换届以后，新任部长恰好是来自制造协和飞机的选区）；为了安抚戴高乐总统（事实证明是错误的），即使项目出现严重问题，确保协和飞机项目持续进行是英国不得不付出的代价（这样的认识是基于戴高乐总统反对英国加入欧洲共同市场）。正是上述原因激活了协和飞机的项目。

很多完全以政治考量为出发点的工程和项目往往命运多舛。这样的项目所收到的效果往往与立项的本意南辕北辙。比如，企图对居民或本土产业进行保护的措施，最终往往让他们的命运越来越悲惨。

这些项目缺乏的并不是政治上的诚意和施以援手的意愿。政治上的反转很大程度上是由于单项决策容易流于片面，试图取悦选民但解决方案过于简单，致使项目在现实中被击得粉碎。

但政府的危机，与其说来自困难本身，还不如说更大程度上来自新政受挫后所产生的种种问题。政治家的天性往往使他们对预案准备不足，公开宣布政策的改变，可能会导致失去支持者的拥戴，让自己走上政治生涯的不归路。于是，发号施令让位于局面失控和迷失方向，权力和职责开始以尽量隐蔽的方式回到职业官员手中。职业官员熟悉国家的运转，平常也没有很大的压力，而且自己的任期也比政治家长久，就会抛出拯救时局的方案。但这不是政府应有的运作方法，从效率层面上说也不值得去效仿。

关于政治家为什么很难撮合成一个团队，我们前面已经做过解读。但事有例外，而且并不违背我们在研究中发现的关于成功团队的原则。这个例外的核心原则就是，由一个团队来支持一位民选的人物。

总统制政府

总统制政府的好处在于，成功当选者可以打造自己的团队。理想的布局是总统可以在同事（同时还可能是对手）之外进行挑选，找出能够和自己紧密配合的人选。

美国的总统初选机制很有意思，可以让两个互相冲突的体系最终合二为一。作为最后总统大选的序曲，选民可以利用初选机制对候选人和他们的团队进行挑选。一个有能量的人外加高效的支持团队，完全有可能利用好各种机会来赢得局面，但也可能会让他们踏入最糟糕的险境。在我们的实验中，有些依照这种模式组建的团队获得了巨大的成功，有的则一败涂地。

总统初选机制为选民增加了过滤候选人和团队的机会，让他们有更多的选择，最终选出一个最强大的人和他的团队执政府之牛耳，增加了取得良好成果的概率，因而是解决难题的好方法。但如果我们将团队设计的原则应用于公共事务管理，总统制及其在地方层级的类似体制并不是我们推荐的做法。我们更推崇团队中角色的平衡，这种平衡的团队在我们的实验中往往能获得佳绩。在这样的团队中，主席（或总统）并不是权威。尤其当主席是"协调者"的时候，只不过是负责充分利用团队人才资源的人事经理而已，其工作重点从因喜欢某个人而给予支持，演变为挖掘团队的整体潜力。

团队角色互动

因此，针对改善公共事务管理这个问题，我们的建议是调整政府内部的角色关系。为此，政治部门应该首先在各部委的监督下关注它们自身并做出最终的决策，而且做好与公众的密切接触和沟通。在此过程中，政治家应避免为重大问题制订详细的计划，因为此类计划的技术要求很高。

制订计划是一项需要耐心细致的工作，最好由那些有能力决定自己团队规模的人来操作，因为他们会留意团队成员之前的个人表现，重视团队角色的平衡，从而确保团队成员具备自己想要的团队角色特质。换句话说，政府的永久雇员比当选的政治人物能更好地完成这项工作。要真如此，重新调整民选代表和政府官员的职责就值得我们去深入探讨了。每个团体都应当尽可能发挥自己适当的作用。

我们可以得出这样的结论：民主政治可能会碰到操作上的难题，尤其当希望尽可能多的人来参与决策时，就会出现这样的问题，同样，把决策的权力转交给已经超负荷工作的民选代表去履行政府的全部职责也是不可行的。实践中，政府既要依赖民选代表，又要依赖职业官员。只有在相互负责、广泛认可和接受的模式下，民主政府才能高效运转。

公务员不能制订计划，也没有选择的余地，他们的主要职责是执行业已做出的决策。但行业经验告诉我们，负责执行的人需要积极参与决策，才能确保工作的成功完成。这种角色最好是公开的而非遮遮掩掩的。如果是公开的，民选政治家一定要做出改变，让自己的角色变成公务员的管理者。政治家最好集中精力关注优先事项及决策，而公务员则负责制定政策和计划。

更优秀的政府意味着不同团队的成员在共同的框架下依据不同的职责范围工作。在这个框架内，可以打造更优秀的团队，让各团队更有效地工作。任何一个社会，如果能实现这样的安排，从中学会如何组建适当的团队、找适当的人咨询适当的问题，进而学会如何利用咨询得来的答案，那么这个社会的幸福指数就会大大提高。

小结

- 政治中的失衡问题之所以被扩大，是由于政治家和公务员两个群体有着不同的角色倾向。
- 具有讽刺意味的是，很多公务员适合做明智而审慎的决策，政治家反而通常更适合推动决策变成现实。
- 总统制的政府有更多的机会来组建优秀的团队，但这取决于其首脑能否对团队有良好的认识。

第十三章

30 年之后

本书中采用的案例和本书出版后发生的案例时间跨度很长。我们在亨利管理学院的实验始于 20 世纪 60 年代末，一直持续到《管理团队：成败启示录》1981 年第 1 版出版前不久。不仅这项研究的时间跨度特别长，本书的销售周期也很长，首次发行的九年之后才达到销售顶峰，此后便一直不停地再版。

由于受很多因素干扰，团队角色理论中的核心要素长期以来都不为人所知，有关理论在很久以后才成型。但该理论的合理性一旦彰显出来，便很快得到了应用。因为如何平衡团队再一次引起了大家的重视，团队的平衡度这一点本身也得到了重视。此外，很多人都对该理论产生了浓厚的兴趣，想更好地了解自己的团队角色画像，从而找到发挥自己潜力的最佳方法和途径。

写作《管理团队：成败启示录》所面临的挑战在于，如何把大量的材料合理地展示给读者。在咨询了出版社之后，我们决定采用叙事的方式，讲述研究的过程和成果。不过，有些读者难免会对这种形式不太满意。后来，我为从事国际业务的律师举办过一次周末讲习会，结果发现我们的研究成果确实还需要让某些人更加信服。没有有力的佐证，他们是不会接受别人提供的任何结论的！我们在两年的实验中都对结果进行了预测，为此，我重新整理了其中的细节，把预测结果密封起来交给了讲习班的秘书，这才让学员们心服口服。此后，这些数据曾多次被展示，但没有写入第 1 版。因此，在此次修订版中，我做了补充性收录。

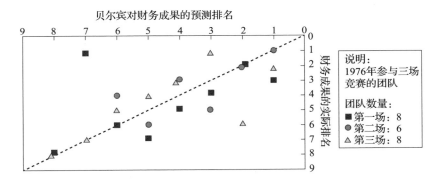

图 13.1　贝尔宾为亨利管理学院实验组建的团队

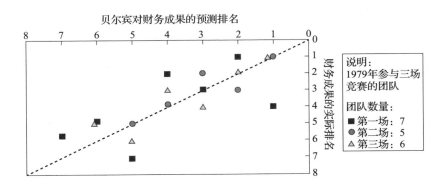

图 13.2　由董事会为亨利管理学院实验组建的团队

团队角色理论的演进

由结果支撑的预测在技术领域被称作"预测效度"（predictive validity）。我认为这种预测是各种测试中标准最严格的。不过，我发现人们想知道的是结果的"信度"（reliability），这也是测试设计者非常重视的问题。我认为这会导致概念上的混淆。在口语中，"信度"意味着"我们能不能依赖测试者所宣称的成果？"从技术层面上看，"信度"则有另一层含义，那就是统计学中所说的效果的"一致性"（consistency）问题。比如，相信"信度"的人认为，在心理测评中用某一尺度测评某个项目所得出的数据应该和其他数据保持一致。

但一致性可能跟效度没有任何关联。在做预测的时候，一直出错可不是什么好事。有的测试设计者在测试中使用了很多相互一致的数据，导致出现了大量的重复和烦琐，却没能做出任何预测结论。就团队角色而言，我们知道，团队角色的组成取决于相似而又不同的一组组因素。如果组合得当，团队角色会对团队的整体表现产生积极影响。在研究中，我们一直贯彻这个理念。

在亨利管理学院的实验结束以后，我们开始把形成的理念和设计出的方法付诸实践。无论是在管理团队、项目团队、研发团队中还是在产品开发团队中，我们都找到了团队角色理论的用武之地。在实战中，我们的理论又得到了进一步的发展。首先就是关于角色名称的改进。我们对一直使用的两个角色名称作了调整，使之更易被人接受。时不时会有一些常务董事参加我们的讲习班，他们不喜欢被人称作"团队工作者"。同样的，把一个很有天分但比较年轻而且级别比较低的人称为主席，从人事关系角度看也不合适。但把"团队工作者"改成"执行者"，把主席改成"协调者"，这些术语就不会让人尴尬了。

专家在团队中的角色

最初在亨利管理学院的管理实验中，所有的参与者都处在同一起跑线上。没有人因为事先掌握了相关知识而占优势。这么做更有助于识别参与者的天性更适合哪些角色。但这只是为了评估团队的有效性而人为制造的环境。人们的起点往往并不相同，因为具备专业知识，有些团队会具备先发优势。这一点在我们开始为产业界真正的团队提供咨询时就意识到了。人们挂在嘴边的一句格言是"不要做无用功"。所以，当经理人要组建团队解决现实的挑战时，会首先找关键知识领域中经验丰富的"专家"。对这样的"专家"，我们不能预设他符合任何团队角色的画像。事实证明，的确如此。但后续研究表明，典型的"专家"都具备某些特点。首先，很多"专家"并不喜欢团队合作，他们也不想加入某个团队。但另一方面，他们喜欢别人向他们咨询，愿意和别人分享自己的知识。实际上，要想利用好"专家"的知识，更有效的方法应该是找个关键人物，在组建团队之前向"专家"进行面对面咨询，而不是邀请他们加入团队。还有一个办法，就是邀请他们参加团队的会议。这样，他们会很热心地贡献自己的专长，即使别人没有认真听取他们的意见，他们也不会在意。有很多"专家"参加过我们的心理测评。尽管个性各不相同，他们还是具备两个突出的共同特征。首先，他们往往智力超群（"批判性思维测评"）。其次，"个人偏好问卷"（测评各偏好要素）结果显示，"专家"偏好要素涵盖的范围相对较窄。由此可以看出，他们非常聪明但他们的专业领域比较狭窄。这足以说明，他们对讨论其专业领域之外的团队事务根本没有什么兴趣。这或许是"术业有专攻"必须付出的代价吧。

如果"专家"加入团队，或者提前咨询了"专家"的意见，那么对"专家"的这些典型倾向进行测评就非常重要了。为了取代心理测评，我们在"自我认知量表"（Self-Perception Inventory，SPI）的基础上研发出一套测评团队角色的新方法。这套方法涵盖了我们在亨利管理学院的实验中鉴定出来的八种团队角色，现在我们再加上第九个——"专家"角色。有人也许会说，"专家"并不属于真正的团队角色，而是一个职能性角色，探讨这个角色的实质不是围绕着人的行为，而是围绕着如何根据"专家"所具备的知识和经验发挥其特定的职能。

但也存在一些相反的看法，认为真正的"专家"可能在刚加入团队时并不是"专家"，而是想在一个越来越窄的领域变成"专家"。他们的行为模式并不符合任何团队角色的特征，但可以反映出他们成为"专家"的潜力。这一观点的价值在于，团队不妨把有潜力的"专家"安排到可以发挥其工作偏好的岗位上。这样做还有一个好处，那就是可以在单位内部培育和发掘员工的专长。

自我认知量表

现在的问题是，如何发现那些有"专家"潜质的人，如何过滤掉那些虽有技术背景却不能有效扮演"专家"角色的人？在这个问题上，现有的心理测评方法用处不大。但我们不能再继续依赖在亨利管理学院的管理实验中开发出的那些测评工具了，因为这些工具的要求太苛刻，根本无法在业界进行推广。作为一种替代工具，我们研发出共有九种测量指标的"自我认知量表"，其中八个指标用于测评我们鉴别出来的八种团队角色，第九种用于测评"专家"潜质。我们还添加了第十种参照性指标，该指标包含许多看似很有吸引力但实际上与团队角色无关紧要的测评项。"自我认知量表"的好处在于，测评分数可以用计算机进行处理，既可上传到网上，也可从网上下载。

心理测评的一个局限是过分依赖自评报告。心理测评的预先设定是所有人都有自知之明，但现实并非如此。缺乏自我认知是我们在产业界经常遇到的问题。有些人自认为在某些方面很出色，但其他人并不这么认为。自我感觉良好的人一旦按照自己的想法和错觉行事，就会给自己和他人带来麻烦。就重要性来说，别人如何看待一个人和一个人如何看待自己同等重要。为此，我们设计了一个"观察员测评表"，其中涵盖了描述每个典型团队角色的形容词及词组。观察员要做的就是在符合应试者的词语上打勾。"观察员测评表"由两列词语组成，其中一列描述的是每个团队角色的优势，另一列描述的是与优势相关的"可容许的缺点"。"自我认知量表"得出的数据和"观察员测评表"得出的数据会输入一个叫"智选优才"（Interplace）的计算机系统。数据经过该系统进行优化组合，把输入的数据转化成报告，供注册用户在世界的任何地方下载。

常见的团队角色认识误区

尽管世界各地的大学和商学院都在讲团队角色语言，但也存在一些认识误区。例举如下：

认识误区	实际情况
团队角色就是考量人格	团队角色意味着对不同的团队成员提出不同的要求，目的是让团队更高效。不同的人对这些要求的反应是不一样的
人无法改变自己的团队角色	尽管人对特定团队角色都有自己的偏好，但在任何情形下，学会担任某个角色都是重要的。因此，一定程度的自我调整不是没有可能
文化背景不同，团队角色也随之改变	团队角色的基本类型在所有文化中都是相同的。但角色的表现形式取决于社会习俗
团队角色理论在某些类型的社会中可能会水土不服	权力结构有时导致某些团队角色无法得以发挥。不过，专制一旦剔除，个人的发展机会就会随之来临
应该鼓励人们努力克服自身弱点，去出色地扮演所有团队角色	在某个团队角色上表现出色，可能意味着在另一个角色上表现不佳。扮演好某些团队角色要比扮演好所有各种角色更重要，因为后者意味着不给他人发挥的机会

附录 A

贝尔宾理论的应用案例

引子

为了说明团队角色理论的应用，这里展示了 11 个案例。下表的案例分别列出了案例性质、所属国家和组织。

1	公司风格的变革	挪威	Linjegods AS
2	跨越文化的鸿沟	捷克共和国	Coneo
3	团队角色在战略变革中的应用	英国和德国	联合多美酒业公司
4	"智选优才"系统在学校的应用	英国	里奇蒙德学校
5	摩洛哥探险之旅	英国	Take Footstep 公司
6	连接团队之间的纽带	丹麦	灵北制药
7	营造富有成效的合作关系	英国	Leading Edge Performance Development 公司
8	培育研发团队	英国	SBS Integrate 公司
9	把"组建团队"作为一种工作模式	南非	7i 管理咨询公司
10	在组织中开发团队角色	英国	Worsley 协会
11	个人转型的故事	英国	CERT 咨询和培训公司

1. 公司风格的变革

阿斯布昂·安涅森（Asbjorn Anesen）（组织经理）

挪威 Linjegods AS

挪威 Linjegods AS 公司成立于 1972 年，是一家领先的物流运输公司。公司 2001 年的营业额超过了 20 亿挪威克朗，利润达 7 800 万挪威克朗。Linjegods AS 共有 1 160 名员工，分布在五个独立核算的区域，每个区域都由一位区域经理及其管理团队领导。公司首席执行官的管理团队包括区域经理和六名技术经理。

公司在 20 世纪 80 年代就和梅雷迪思·贝尔宾博士有过联系，当时是想找合适的团队建设工具。20 世纪 90 年代，Linjegods AS 按照贝尔宾的方法进行团队建设，目的是要打造各区域和公司高层的管理团队，提升工作效率。

Linjegods AS 从贝尔宾的系统理论中获益良多，主要经验如下：

管理层的稳定性

对公司的管理体制和管理经验进行分析之后，我们发现，20 世纪七八十年代，公司高层离职率很高。大量高层经理和他们的管理团队离职，竞争对手趁机抢走了公司的客户和市场份额。所以，在 20 世纪 90 年代初，稳定公司管理团队便成了工作的重点。贝尔宾的工作方法成了实现队伍稳定的关键，让公司上下对公司整体有了更深入的认识，对职业角色、团队角色、工作角色和人际关系角色⊖之间的关系有了更好的理解。在此过程中，我们提高了团队的效率，并让每个团队成员和团队整体都做出了更大的贡献。为了实现这个目标，需要团队的成员尊重不同个体的多样性，相互信任，而且相信每个成员都能成功。我们成功地实现了上述所有目标。

管理层的多样性

公司招聘员工一般会遵循"召唤"原则，即管理层会邀请自己喜欢的候选人加入团队，导致管理团队中的很多成员看起来都很相似。贝尔宾团队测评的结果也证明了这一点。当第一次在公司高管团队使用团队测评时，结果显示，团队里有很多的"鞭策者"和"专家"，但"凝聚者"则完全缺失。团队成员非常相似，而且要求很苛刻，但实践证明，他们无法通过提升自己的特点或者利用团队资源来成长壮大。因此，在 20 世纪 90 年代，公司的工作重点是提高团队的多样性。贝尔宾的方法很好地揭示了团队具备或缺失某些特性，增进了团队成员之间的相互理解。重新启动团队工作后，之前缺乏多样性的团队，通过培养和招募经理人相结合的方式，拓宽了团队角色的覆盖面。这一变化无疑使公司团队变得更加出色，管理水平也得到提高。

⊖ 关于"工作角色"和"政治角色"，读者可以参阅 2000 年由 Butterworth – Heihemann 公司出版的《超越团队》（*Beyond the Team*）。

管理层的发展

　　了解了团队内部如何运作之后，经理们对自己的行为模式有了更好的认识，也更加适应了自己的管理工作。在此背景下，参与者有机会去评估自己的角色，并据此来重新考虑自己的职业发展。兄弟团队的反馈帮助每个经理人看到了自我认识和外界评价之间的差距。在我看来，贝尔宾的方法特别适用于个人发展和培训，因为与其他方法不同，这个方法是"开放的、全面的"。之所以这么说，是因为这个方法的描述形式是全面的，没有极端的提法妨碍大家讨论，或者导致参与者以提防的态度应对其他的参与者。经验表明，随着流程的推进，参与者的兴趣陡然高涨。结果，参与者参与后续发展项目的意愿更强了，积极性更高了。这些项目中，团队和个体参与者得到了很多建议，包括如何在工作中进行分享、个人团队角色的发展以及所需的个人技能要求。这些建议帮助管理层更迅速地采取了改进措施。

2. 跨越文化的鸿沟

嘉娜·克赖察罗娃（Jana Krajcarova）（顾问）
捷克共和国 Coneo

　　Coneo 是捷克的一家咨询和教育公司，自 1998 年起开始使用"智选优才"系统。公司花了两年时间让该系统与捷克的文化环境相融合，其间共有 800 名候选人验证了它的应用。

在此，我把给施耐德电气的高管使用过的一系列测评分享给读者。施耐德电气是一家法国公司，在捷克有一个工厂。之前，该捷克工厂是一家国有工厂，被施耐德收购以后，实现了现代化升级改造。由此，原有的员工开始在一座全新的工厂内工作。施耐德面临的一个问题是：如何让员工的思维方式适应新公司要求。一位法国籍经理毫不犹豫地开始学捷克语，并且被任命为公司的执行总监。他发现问题背后的原因其实是捷克员工的不同文化和思维方式。

作为咨询公司，我们的职责是帮助高管团队中的捷克和法国员工更好地凝聚在一起。我们采用了贝尔宾的测评工具和团队建设的培训方法，除了质量控制以外，多数领域进展喜人。法国籍总监希望我们对一位负责质量控制的捷克籍经理提供个别指导，因为他的工作表现不尽如人意。

通过分析，我们发现这位经理其实是一位非常出色和勤勉的专业人士。虽然分析结果是这样，但执行总监还是告诉我们这位经理面临被开除的危险，他只有最后一次机会。

问题何在？

我们开始检查他的工作任务和目标，并且对预设的工作成果进行验证。结论很有意思。关键问题在于，质量控制本身的职能要求和对工作如何开展存在着不同的看法。我们开始寻找客观的工具来帮助两位经理人找到共识，并发挥各自的优势。使用贝尔宾的"智选优才"系统进行团队角色测评是符合逻辑且很成功的做法。期间，我们还邀请了两位经常与该质量控制经理打交道的经理对这个岗位做了评估。

当然，我们先是向他们解释我们的意图，"兜售"我们的观点。之后，让两位经理接受了"自我认知量表"测试。不过，在这里我们碰到了一个小小的障碍。法国籍经理的捷克语和英语都不足以支持他很好地进行测试。于是，我们采用了测评的法语版本，得到了关键数据，并输入捷克语版的"智选优才"系统。此外，当观察员对两位经理进行评估时，其他高管如果愿意也可以用法语。

经过评估，我们首先发现，两位经理的沟通存在问题：执行总监的测评显示他是非常典型的"鞭策者"，而质量控制经理则是非常典型的"审议员"。

进一步明确了质量控制经理的岗位职责之后，我们发现，执行总监希望找到一位有管理能力的"鞭策者""协调者"和"智多星"，从而可以对质量进行全方位管理，而现在的这位经理过于专注风险控制。

系统生成的各种数据和图表在很大程度上帮助我们澄清了问题的实质。质量控制经理不再把自己上司的批评当成负担，而是以更放松的心态来处理工作，这对一个典型的"审议员"是很重要的。另一方面，总监也开始了解自己部下的长处。所有问题产生的根源在于如何阐述工作目标和如何对工作进行管控。我们首先做的是化解人际沟通的障碍。因为领导和下属都参加了测评，这么做就比较容易了。

第二步，我们开始对质量控制经理的岗位职责进行研究。为了能够留住这位能干的经理，我们对职位要求进行了重新整合，其中一部分职责分给了高管团队中的其他成员。也就是说，**不是要求员工去适应职位，而是为有能力的员工打造合适的岗位**，而后一种做法也比先前的更为成功。

因为其他目标也要完成，也要予以考虑，所以这种做法存在自己的局限性。于是，我们对质量控制经理提出要求，帮助他制订了一份个人发展计划。做这个计划的目的是帮助他更好地和其他团队角色的同事进行交流，让他可以在质量控制领域确立自己的领导风格。

值得一提的是，因为处理好了这个敏感的问题，我们不仅没有让任何人产生挫折感和相互敌对的情绪，反而更好地激励了两位当事人。据说，一年之后，两位经理成了好朋友。

3. 团队角色在战略变革中的应用

保罗·维尔古斯（Paul Wielgus）

克里斯·萨内蒂（Chris Zanetti）

英国和德国 联合多美酒业公司

联合多美酒业公司是世界第二大烈酒饮料企业，年销售额超过30亿英镑，全球员工超过 10 000 人。

1994 年，联合多美在公司内部创建了一个别具特色的发展咨询机构——AD 公司。其任务就是要在全公司打造创新文化，把企业内部多样化的团队中潜在的人才资本释放出来。在此过程中，贝尔宾团队"智选优才"系统发挥了至关重要的作用，并得到广泛运用。

1998 年和 2001 年间，AD 公司负责人保罗·维尔古斯和联合多美的中东欧区域执行董事克里斯·萨内蒂紧密合作，目标是充分利用 12 个国家之间的文化多样性，更好地完成公司制定的极具挑战性的业绩目标。

1998 年之前，这个区域的企业文化是发号施令，区域总部布鲁塞尔以一种指挥作战的方式进行领导。市场完全依赖于"中心"发出的指令。执行董事以下很少或者干脆没有人际互动，各自优秀的业务实践也很少得到分享。

但公司的"工作道德"氛围非常浓厚，与客户的沟通也非常出色。不过，从服务顾客和 AD 公司的整体利益来看，公司显然没有以最佳方式把自己的人才、体制以及创造力中蕴含的资源利用好。公司之前完全没有意识到区域内非常多样化的员工队伍所具备的潜质。

变革企业文化

作为新上任的执行董事，克里斯让保罗参与为中东欧地区制定新战略。克里斯希望在下面几方面彻底改变企业文化。

- 他希望在整个区域内营造一种相互依赖的企业文化。
- 他希望理解、发现、挖掘区域内各团队和员工的技能，从而更好地执行他的战略思想，实现业绩目标。要做到这一点，贝尔宾的测评工具是必不可少的。

该战略最初的重点放在了领导力和团队建设上，希望能打造出战略执行能力。贝尔宾理论在这几个方面得到了应用：

- 提升对组织的信任度，其中包含团队成员间的互信和对执行团队的信任。

- 在区域内建立共同的沟通语言，为打造信息共享和相互支持的强大网络奠定基础。

- 理清区域内员工所具备的独有才华和团队角色，并针对性地为项目团队配置角色。

- 为了高效地实现公司目标，培育互动的企业文化，这种文化不再是上传下达，而是全员参与。

- 在这期间举办了多次工作坊，贝尔宾理论作为一系列创新行动和学习措施中的组成部分，提升了公司前进的动力。

成果

- 通过制定和执行值得信赖且强有力的战略，三年内公司利润提升了 55%。

- 培育了丰富多彩的团队文化，在消费市场上提升了公司的优质服务能力和品牌形象。

- 团队成员获得了很好的个人发展和职业发展。

- 在联合多美的内外部建立了良好的声誉。该区域在"员工意见调查"中获得了骄人的成绩，在团队合作、工作满意度、客服以及学习成长方面表现特别卓越。

4. "智选优才" 系统在学校的应用

黛尔菲恩·拉什顿（Delphine Rushton）

英国 里奇蒙德学校

位于英国北约克郡的里奇蒙德学校是一所拥有 1 600 名 11 ~ 18 岁学生的乡村中学，共有教职员工 145 人。教育标准办公室的督察报告显示，这是一所 "很有特色的优质学校"。在英国 "普通中等教育证书" 考试和 16 岁以上的考试中，这所学校的成绩都远高于全国平均水平。

重视持续改进工作和教职工的发展是学校的传统，学校也为此在 1998 年购置了贝尔宾的 "智选优才" 系统。这一点不同寻常，因为尽管贝尔宾 "智选优才" 系统在商业和高等教育环境下已经得到了广泛运用，在英国的义务教育阶段还很少用过。不过，该系统在这个领域确实大有可为。教师独自在教室里钻研自己科目的日子早就一去不复返了。现在的教育环境复杂多变，压力重重。为了配合国家教育改革，适应技术领域、教学领域和社会领域的变化，教职工之间的相互配合变得愈发重要。工作中所需要的技能、素质和经验非常复杂，涉及方方面面。和其他很多学校一样，里奇蒙德学校采用了矩阵式管理方法，同一个教师可能同时是三个团队的成员。学校需要让员工从事合适的岗位，才能最大限度地发挥他们的潜力，维持工作满意度，做到优势互补。在此背景下，贝尔宾 "智选优才" 系统以三种方式融入了学校的人力资源管理实践中。

招聘

贝尔宾团队角色"智选优才"系统在招聘中得到了应用，在面试、演讲和示范课等其他传统招聘流程之外，团队角色画像成为一种新的招聘辅助手段。可以举两个例子。近年来，为了满足细致入微支持服务的需求，行政部门取得了长足的发展。在招聘中运用贝尔宾"智选优才"系统，目的是确保新加入的员工和团队之间能够密切配合，具备在快节奏工作环境中保持冷静的素质，而且能在与同事、学生以及公众等不同群体打交道时处理好关系。同时，在2002 年，学校理事会任命了一位新校长。在三天紧张的选拔过程中，理事们借助贝尔宾"智选优才"系统，任命了一位最符合学校战略需要的校长。

个人职业发展

职业发展是员工发展和人才储备的重要组成部分，而且可选择的路径有许多，包括成为部门负责人、片区负责人、跨部门协调者以及高级管理者。学校借助贝尔宾"智选优才"系统制定了个人职业发展规划。无论是年轻教师希望从教师岗位转换到管理岗位，还是高级管理者希望成为级别更高的领导，贝尔宾的测评方法都从团队优势和职业方向的角度提供了有益的反馈。与那些跟工资挂钩的测评不同，这种测评方法可以帮助员工对自己现有的职责和贡献进行评估。员工之前从来没有得到过此类反馈，所以大家普遍认为这样的评估很有启发性和建设性。

团队建设

对经验丰富的管理者及其团队而言，贝尔宾提供了一种共同的组织沟通语言，有助于理解、团结并培养不同类型的团队成员。这对改善人才被埋没或者不能人尽其用的情况尤其重要。长期以来，高层管理团队使用这种方法，去审视团队的特性及其对决策的影响。这种方法还具备个性辅导功能，起到了改善人际沟通的作用。

学校的成功不仅仅是通过学生的考试成绩来衡量的，也体现在学校生活的丰富性和深层次学习体验的品质上，而这对学生今后一生都具有深远意义。教师既可能会促进、也可能会妨碍学生在这两种领域内获得成功。反过来，有效地配置和开发教职工队伍，会让学生享受到良好的人生开端，贝尔宾"智选优才"系统也为这个目标做出了重要贡献。

学校重视贝尔宾测评方法，也可以从另一件事情上看得出来。最近，学校投入资金，购置了"扬帆"系统⊖。借助这套系统，学生可以运用贝尔宾团队角色理论去选择自己是就业还是继续深造。

⊖ "扬帆"系统是和"智选优才"系统类似、提供个性化建议的软件系统。不同之处在于，该系统是专门为没有工作经验的人设计的。

5. 摩洛哥探险之旅

里克·布罗德（Ric Broad）（执行董事）
英国 Take Footstep 公司

背景

里克·布罗德是英国陆军体训大队队长。退役后，他开始用自己多年习得的技能帮助年轻人成长。下面的案例是他提供的。

国外探险

自从 10 年前读过《团队角色》（*Team Roles at Work*）之后，我又在四年后取得了使用"智选优才"系统和团队角色理论的资格认证，从此便忙于将自己所学知识（以及贝尔宾后来出版的《超越团队》等著作）付诸实践。这些实践帮助年轻人对自己未来的方向有了新的认识，也让我更想进一步了解贝尔宾团队角色理论和其他相关知识。我认为，这些知识适用于所有人。

案例分析

和我一起赴摩洛哥探险的成员有吉姆、弗兰克、彼得、约翰、比尔、杰夫、凯特和苏菲。他们的年龄介于 16 ~ 17 岁之间，分别来自英格兰东北部的学校，当时都面临退学或者被学校开除的危险。为了让他们获得基本的生活技能，我们的课程首先介绍了贝尔宾的团队角色。我们一对一地帮助这些孩子完成了贝尔宾"自我认知量表"的测评。课程结束时，再会同"观察员测评表"的数据确定每个学生的画像。

情境

当时，学生们的状况是：没有人赏识，缺乏自尊，也普遍缺乏对成年人的信任。很多年轻人会说"我什么也做不好"，接着便找一大堆理由，说家里和他们生活的环境如何不好等。

在户外运用贝尔宾团队角色理论的好处在于，大多数年轻人喜欢户外活动，没有了学校环境的约束，他们的所作所为更符合天性。

"自我认知量表"测评结果打印出来之后，学生们清楚地看到了自己的主要优点。但重点在于：

- 电脑因为不能识别学生是来自高学费的私立学校还是公立的综合学校（我认为两者中都有好有坏），所以能公正地提供有关数据。
- 隧道的尽头终于看到一线亮光。学生们意识到自己是有天分的，可以在更广阔的天地里发挥自己的才能。他们开始意识到，自己可以改变并做出有益的贡献，而不是一味指责，或采取负面的举动。

在一次短暂的探险中，所有团队都能根据团队角色提升自己。学生们填写"自我认知量表"时非常直率。多数人的自我形象和其他人对他的认识相吻合。只有一两个人的自我形象与他人对他的看法相矛盾。在旅途中，"协调员"吉姆得到了团队所有成员的尊重。他能把团队聚拢到一起，开会研究下一个阶段的旅行，并将任务分配给团队成员。凯特分配到的角色是队伍中成人教练的医疗助手，因为她的"凝聚者"角色得分很高，能够以同情心对待他人，并关心和照顾团队的其他成员。彼得在旅途中喜欢和其他成员聊天，查询巴士和火车的时刻表以及目的地的各种信息，"外交家"的角色于他再合适不过了！这个团队并不完美，但学生们能够在短时间内学习并践行了不同角色类型都可以对团队做出自己的贡献。

关于在户外环境中每个成员如何运用贝尔宾团队角色理论对团队做贡献，真的有很多内容可以与大家分享。因为大多数读者对团队角色已经非常熟悉，所以我们不必再就每个角色多费口舌。问题的关键在于，如何衡量贝尔宾团队角色理论在我们的探险课程中的价值和用处。我觉得答案很简单：每一次复习课后，使用团队角色理论的人，身体语言都会发生变化，我们可以通过观察这些变化去衡量理论的影响力。此外，摩洛哥探险之旅结束后，学生们变得充满自信，认为自己是可以给未来的雇主创造价值的。这种价值不仅包括工作技能，也包括了自己如何去适应团队的能力。

小结

使用贝尔宾团队角色理论并不是给学生贴标签，而是让他们可以从不同的角度审视自己，并对他们在生活中所做出的贡献进行反思。两年后，这些学生的状况是：四个学生已经参加了工作，一位学生成了当地一家企业的经理助理，一位学生参了军，两人在读继续教育，还有一位学生因为缺乏良好的当场引导，目前失业。我确信，使用贝尔宾团队角色理论给这次探险之旅赋予了一种无形的支撑，为学生未来的发展做出了贡献。有一点是千真万确的，那就是：我们不能指望团队角色理论在解决问题时都能药到病除。大家需要有信心，而且要与时俱进，因为贝尔宾的所有研究成果都依据使用者的反馈而取得发展和改进。团队角色理论本身是为人而设计的，它的发展本身也是探险之旅。

6. 连接团队之间的纽带

梅雷特·哈特维希·彼得森（Merete Hartwig Retersen）（人力资源顾问）

丹麦 灵北制药

灵北制药简介

灵北制药是一家专门制造中枢神经系统药物的制药公司。其目标是成为精神和神经疾病领域世界领先的医药公司，以改善精神科和神经科病患的生活质量为使命。灵北制药的拳头产品喜普妙是一种抗抑郁药物。公司约有 5 000 名员工。

灵北制药成立于 1915 年，20 世纪 30 年代投入生产，20 世纪 40 年代开始进行药物研发。

灵北制药管理培训中的贝尔宾团队角色课程

大约两年前，灵北制药的人力资源发展部门开始应用贝尔宾团队角色理论。灵北制药的管理培训一部分是由人力资源部门承担的。管理培训的基本理念是肯·布兰佳⊖的情境领导力理论和建立高绩效团队。要打造一个表现优异的团队，不仅需要对每个人在业务中扮演的角色有清晰的认识，还要重视每个成员的团队角色。因此，公司向管理层引入了贝尔宾团队角色理论，希望借此帮助团队变得更有效率。管理培训完成后，各经理人如果想用团队角色理论，可以寻求人力资源部门的帮助。

贝尔宾团队角色理论在生产部门的实践

在灵北制药的生产部门，很多团队都实行自我管理，因此急需贝尔宾团队角色理论的指导。团队成员不仅专注于自己的专业角色，同时还意识到不同的团队角色有各自不同的优势和可容忍的劣势，这一认识帮助团队改善了成员之间的沟通和合作。他们经常会突然意识到，即使某个团队成员跟其他团队成员不一样，也不应该把他当成"局外人"，而应该把他当成团队的宝贝。团队分配工作的依据不仅仅是专业角色，而在很大程度上是团队角色。

比如，有一次，来自不同部门的 A 团队和 B 团队的合作出现了问题。B 团队属于生产部门，A 团队是一个为生产提供支持的部门。A 团队认为自己对 B 团队很有用，但认为 B 团队并没有意识到这一

⊖ 肯·布兰佳（Kenneth H. Blanchard, 1939—）：美国作家、管理学专家。其著作《一分钟经理人》（*The One Minute Manager*）销量超过 1 300万册，被译成多种语言。——译者注

点。他们觉得，每次向 B 团队提供服务和合作机会时都会受挫，因为 B 团队认为 A 团队不是在帮忙，而是在管闲事。

在对贝尔宾团队角色有进一步的了解后，A 团队认识到自己团队中有一位很出色的"外交家"和"凝聚者"。他们决定让这位成员负责和 B 团队沟通。此后，两个团队的合作水平有了明显的提高。能够做出这种改进，关键在于沟通时更强调两个团队合作的价值（重点是建立互信），而不是向 B 团队宣传 A 团队的各种优秀品质。

贝尔宾团队角色理论在研发部门的实践

相对于生产部门，研发部门以团队的形式组织工作的机会比较少。部门里有很多专家都是埋首于自己的领域进行钻研，既看不到团队的重要性，也没有机会参与到团队当中。如果他们能够加入团队，除本职工作以外，也会重视自己的团队角色，这样会不会使他们更好地完成工作，从而实现灵北制药的愿景和使命呢？

如今研发部门中团队的数量越来越多。研发部门各团队的技术专家们共同合作，互相挑战，工作有声有色。通过研究团队角色和角色在团队中的配置，研发工作变得更有创造力，更有效率，也带来了更加丰硕的成果。

我们认为，有必要让持怀疑态度的人清楚地看到团队角色理论的价值。研发部门的技术专家们不会很熟悉人力资源领域的理论，因此，尤其需要把团队角色理论带来的最根本优势讲解得非常清楚。如果一开头不把这件事做好，之后再想弥补可能就事倍功半了。

7. 营造富有成效的合作关系

格兰特·戴维斯（Graut Davies）

英国 Leading Edge Performance Development 公司

希拉·戴维森（Sheila Davidson）和艾伦·哈迪（Alan Hardy）在英格兰西北部一家大型公益事业企业的营销部门工作。希拉是部门领导，而艾伦是向希拉汇报的营销经理。他们之间的工作关系已经恶化了一段时间，目前问题重重。

艾伦是希拉从公司外部招聘来的，选择艾伦的部分原因是他和现有的员工不一样，没有受到企业文化的种种局限。作为营销经理，艾伦富有创新，工作高效，也擅长和现有的以及潜在的客户建立良好的关系。他希望在工作中能够高度自主，但希拉认为他有些特立独行，甚至时不时会我行我素。

希拉的职责之一，是定期向自己的上级汇报营销成果和工作进展。她的上级要求报告中要有很详细的细节。希拉同意上级的看法，为此总是强调报告中需要有足够而且准确的细节。她和自己的上级关系良好，也希望能保护好这一层关系。这些报告是由她手下的两位经理完成的，这也属于经理们的正常职责。希拉认为艾伦提交上来的报告粗枝大叶，在呈交之前总是需要由自己进行二次加工。而艾伦也对此很不满，认为希拉是个"控制狂"。

他们的关系因此逐步恶化，希拉觉得虽然艾伦很有能力，但如果再不改变就只能让他离职了。

他们的贝尔宾团队角色画像包含了"观察员测评表"结果，整体评估的画像如下。

希拉的团队角色画像是：

"完成者""审议者""鞭策者""智多星""专家""执行者""外交家""协调者""凝聚者"。

艾伦的团队角色画像是：

"鞭策者""智多星""外交家""协调者""审议者""专家""凝聚者""完成者""执行者"。

对两人的团队角色数据和访谈信息汇总后，我们得出如下结论。

希拉的优势是：

"完成者"

关注细节，与艾伦一见面就询问细节；喜欢报告内容"准确无误"（完美主义者）。

"鞭策者"

倔强——固执地认为凡事要有规定。

艾伦的优势是：

"鞭策者"

工作一旦展开，决不放弃。喜欢工作有一定的自主性。

"智多星"

喜欢创新，具备异于常人的创意，能开拓创造性的营销方式。

"外交家"

喜欢尝试新创意，偏好高屋建瓴地看待细节，善于搭建人际关系网。

希拉过度发挥的优势领域：

"完成者"

因为过度关注细节，甚至到了吹毛求疵的程度。害怕失败——在艾伦看来，希拉是个"控制狂"。

不愿意放权——艾伦觉得希拉不信任他能够独立完成工作，所以才会事必亲躬。

艾伦过度发挥的优势领域：

"外交家"

很容易感到无聊——艾伦一旦碰到细节就会状态不佳，也不明白细节的意义。他有时候会显得冲动和不稳重，希拉觉得艾伦的状态飘忽不定，甚至不按牌理出牌。

"鞭策者"

不够耐心——认为希拉对于细节的关注妨碍了自己的工作。

咄咄逼人——经常在和希拉开会时发生冲突。

"智多星"

不按常理出牌——喜欢按照自己的方式工作，而他的方式和希拉的方式差异很大。

问题如何解决

这两位经理都有很强的"鞭策者"倾向，因而两个人都很强势。但他们在其他方面的偏好倾向则大不相同：希拉倾向"完成者"和"审议员"，而艾伦则偏向"智多星"和"外交家"。

为了改善关系，希拉需要认可艾伦"智多星"和"外交家"的倾向，让他有发挥这些长处的空间。如果她认可了他的成就，艾伦

会感到自己受到了重视。然而，她却让艾伦做自己不擅长做的细节
工作。艾伦需要认识到希拉作为"完成者"和"审议员"的贡献，
而这些长处是自己不具备的。这样，他们就可以变成高效的管理团
队。可是，尽管他们意识到了自己的团队角色偏好，但仅仅这么做
还不足以解决呈交报告的问题。

在分析艾伦团队成员的角色画像时，我们发现，团队中有三名
成员具备"完成者"的倾向。这三名成员的报告都能够达到希拉要
求的水平。于是，经过协商，他们决定由其中一位成员负责撰写报
告并且直接呈交给希拉。艾伦只需要对报告进行总体把握就可以了。
这么安排让双方都感到满意。他们的关系也因此大大得到了改善。
总之，这个案例充分说明，根据团队角色来分配工作可以大大提高
团队的效率，改善团队成员的工作关系。

8. 培育研发团队

佐尔法伊格·布鲁斯·斯塔普斯（Solveing Bruce Stupples）[⊖]

英国 SBS Integrate 公司

背景

Active Biotech AB 是从一家大型制药企业分剥出来的公司。公司

[⊖] 我第一次与佐尔法伊格共事是在瑞典。在随丈夫搬到英国之前，她是
瑞典一家制药公司法玛西亚（Pharmacia）公司的变革推手，工作得有
声有色。

任命了一位新的研发总监。这位总监性格很强势，这也让他的改革在部门内引发了一丝不安情绪。公司传统上层级森严，每位经理首先考虑的是如何捍卫自己部门的利益，而不是公司整体的利益。因为公司员工都曾经在跨国公司工作，对各管理层级的这种自我保护已经习以为常，反而对商业环境知之甚少。

新目标

公司的目标是根据团队理论打造自己的管理团队，管理团队的每个成员都要有主人翁意识，能够对公司的整体利益负责。他们希望团队能够更加灵活，可以适应公司内部迅速变化的局面。他们还需要向公司全体员工传达一个信息，让公司在执行层面也能够理解高层的战略。

公司的研发总监推行了一整套重大政策改革，其中包括：

- 2000 年 9 月，邀请 SBS Integrate 公司帮助启动团队发展程序。SBS 举办了为期两天的工作坊，使用的主要工具是贝尔宾的团队角色理论。参加的员工明确了现有的问题和人际差异，并达成共识。
- 2001 年 1 月，又举办了一次工作坊。
- 2002 年 6 月，团队认为，团队目标已经实现，于是，着手制定下一步的目标。

成果

第一步：2000 年 9 月的工作坊

团队成员的画像⊖显示，这是一个智力水平较高的团体，除了缺少"专家"角色，整体上各个团队角色是比较平衡的。但团队中有两位"鞭策者"，其中一位是团队负责人。为了让团队更好地发挥出自己的长处并为自己的工作负责，这位负责人决定对具体的操作问题进行放权。于是，他决定更好地发挥自己在其他团队角色上的强项（尤其是"智多星"），为公司寻找新的业务增长点，提升团队的整体实力。

第二步：2001 年 1 月的后续工作坊

团队一开始有些犹豫，因为大家知道自己需要承担更多的责任。尽管对此很"震惊"，但最后还是启动了，并为寻找问题的答案提供了必要的信息和数据。但团队的工作方式基本没有变化。

第三步：SBS 和团队成员之间的互动

这一步让团队成员可以在团队框架内外都有机会提升自己。

第四步：2002 年 6 月制定未来目标之后取得的成绩

团队发生了显著变化，成果如下。

⊖ 也叫"团队角色地图"，是指把团队所有成员的前两个团队角色放在一个轮盘图中展示。

工作重心

团队的工作重心，从讨论"简单"的问题转移到讨论如何提升团队工作效果和效率的问题。团队的领导和管理能力得到了大幅度提升。

团队

团队从一开始就有变化。成员有进有出，新老成员很团结，团队变得更加平衡，而且目标清晰，为高效的工作不懈努力。团队中有好几位成员根据自己的长处和团队角色调整了自己的工作职责。

值得关注的成果

团队更加贴近商业现实，变得更加灵活，而且能够不断地适应变化。团队成员能够更轻松地发挥个人长处，成员之间总的来说也有了更多的互动。最显著的变化是项目研发非常成功。这样的成果和公司的整体目标是相吻合的，因为要实现持续的成功，一个高效的研发团队是不可或缺的。

9. 把"组建团队"作为一种工作模式

卡罗尔·考夫曼（Carol Kotfman）、
纳塔利·罗布斯（Natalie Robbs）
南非 7i 管理咨询公司

从 1999 年起，南非税务局开展了一次工作流程改革。改革的目标是把组织从一个具备"公众服务思维"的政府部门转变成一个更具创新能力、可持续的学习型组织，以最低的成本实现最优质的服务。这次改革聚焦于学习型组织的五项基本原则，即：系统思维、构建共同愿景、团队学习、思维方式以及个人能力。为了实现这种"学习型"的工作方式，南非税务局需要重新审视之前层级森严的组织文化和现有的部门结构。

很显然，他们面临两方面的挑战。首先，对经过改革后已经脱胎换骨的员工队伍，还没有描摹出清晰的画像；其次，如果对现在员工队伍的画像不是完全清楚，那么税务局将如何衡量改革的成果就不得而知了。在刚刚实现民主的"新"南非，像税务局这种组织的特点是：员工成分多样化，能力和适应性也是千差万别。为此，税务局的做法是，在兼顾员工工作职责的同时，审视团队领导角色和团队成员角色，通过培训等措施实施干预。

2001年7月，7i管理咨询公司接受了这项分包委托，负责设计一个团队领导培训前的评估工具，培训的内容、深度、难度和范围取决于评估的结果。税务局管理层事先确定了工作中需要的角色，而7i使用了贝尔宾团队角色量表对这些角色画像进行补充。之后，把团队角色画像和管理层拟定的机构改革和组织未来成功必不可少的管理能力清单进行对比分析。

得出的结论是：必须从视野、自我认知、适应性、创新工作方式等视角，对团队领导力角色的问题重新予以审视和考量。

就此，7i管理咨询公司对团队成员的角色进行了调查，并于2002年5月正式对税务局的海关商务部门进行综合技能考察、人员综合调查和员工能力画像。他们使用了贝尔宾"团队角色量表"，范围覆盖了海关超过 1 600 名员工。这么做的目的是确定团队成员的培训内容和方式，确保"团队合作"的概念得到贯彻。做这项评估主要出于以下几个原因：

- 避免不恰当地选择类型相似的员工（或者团队领导）进行培训。
- 避免因团队成员感觉被忽视而导致员工积极性受挫。
- 避免在员工感觉被边缘化的情况下还要保持学习的热情和积极性（贝尔宾团队角色的流程中包括工作气氛）。
- 如果不能让所有团队成员都有发展提高的机会，会打击员工的士气。

结果，"团队角色量表"的测试让员工的士气大振，大家都关注团队建设活动。对团队成员个体和团队整体的发展需要哪些措施，团队角色画像也提供了有用的信息。

从南非"国家职业资格框架体系"的衡量标准来看，贝尔宾"团队角色量表"采用了实验性观察而不是以心理构建为基础，这一点是很有吸引力的。一个培训课程，如果关注的是参与者在行为上有可以观察到的改进，那就会有非常大的优势。

总的来说，贝尔宾团队角色理论之所以在南非受到欢迎，是由于它符合以下几个特定的要求：

- 它评估的是人的行为，而不是性格。

- 自我评分和观察者评分之间的差距，对审视个人团队角色的强项和弱项给予了有效的指导。
- 因为所有的评分和报告都在电脑上完成，汇报和阐释结果因而变得更加可靠，也可以更加高效和全面地生成测评报告。
- 贝尔宾团队角色理论经过 21 年的研究、应用和改进，得到了全世界的广泛认可。
- 贝尔宾测评报告可以帮助识别团队的优劣势。针对团队需要哪些培训和发展计划来更好地完成工作，报告也可以提供有价值的意见。
- 团队成员可以使用团队角色语言讨论团队的效率。
- 通过对团队成员角色进行总体评估，可以弄清组织文化。

税务局工作流程改革项目中的培训包含了一系列的元素。培训包括理解团队角色和决策；制订计划和目标；理解税务局的工作为什么需要变革；有效召开团队会议；衡量工作成果；重视成员多样性的价值；开发指导和放权。所有这些目标和活动都符合贝尔宾培训模型设定的目标以及使用的方法。

贝尔宾模型很好地结合了培训的内容和日常工作，符合以成果为导向的培训方法论，同时也符合南非"国家职业资格体系"中对质量和能力控制标准体系的要求，这一点确保了所有的培训工作都契合南非的实际。

10. 在组织中开发团队角色

布莱恩·F. 戴维斯（Brian F. Davis）
英国 Worsley 协会

多年来，我一直致力于运用贝尔宾的理论打造高效、平衡的团队。下面是我自己在把贝尔宾团队角色理论介绍给英国各地公共和私营组织过程中的一些体会。

让我一直感到诧异的是，对形形色色的人带给组织的丰富变化和差异性，很多身居高位的人只是一知半解或者几乎一无所知。同样让我诧异的是，把这些差异找出来并在打造高效平衡团队过程中加以利用，对所有人都有好处，但他们却对此全然无知。如果个人、群体和组织把人组织在一起仅仅是为了完成某项工作，或者是在受训后完成某项工作，那么后果就更值得我们去重视。

我不止一次见识过这么做造成的后果。有一次，我接受了一家大型企业的委托，要把 21 名员工组织成三个高效、平衡的团队。如果使用贝尔宾"智选优才"系统和其他相关的方法，要完成任务并不困难，但让我震惊的是，这家企业要求我把其中七个成员当作已经固定的团队，在任何情况下都不可以分开。也就是说，我可以利用"智选优才"系统的独特优势，将另外 14 个人编入两个团队中，但那七个人的团队是不能够调整的。

最初我不愿意接受这项任务，并且指出了这种局限所带来的不利之处，但经公司的一再劝说，最终还是接受了这项任务。那些熟悉贝尔宾理论的人可能会明白我所面临的局面，不熟悉贝尔宾理论的读者可能想知道最后的结果是什么。

在绘制出团队角色画像之后，我马上意识到，根本不可能把这七位被提名的成员打造成高效而又平衡的团队。这七位成员中，其中三位是具备鲜明"鞭策者"倾向的男性，其他几位女性成员的特征则各有不同。熟悉贝尔宾理论的人都知道，一个七人团队如果有三名"鞭策者"倾向的人，结果通常是灾难性的，而事实也确实如此。

在进行领导力培训时，三位"鞭策者"各不相让，每个人都想领导和控制团队，希望团队采纳自己的想法。他们把挂纸白板和记号笔抓在自己手里，争抢着要由自己来决定团队的目标和优先事项。女同事也希望参与讨论，但他们对她们的任何建议、想法甚至抗议都不屑一顾。最终，其中一位女同事愤而退出。和其他两个七人团队相比，他们没有取得满意的成果。现在想来，我打造高效而平衡团队的努力失败了，但事实上从一开始我就没有成功的机会。

如果使用"智选优才"系统，任何人都可以预见到这次组建团队的努力会是什么结果，而不必让大家受这么大的罪。后来我才知道，这个七人团队的经理怀疑团队有问题，他希望我这个培训和发展顾问帮忙找出问题在哪里。我本来可以直接告诉他问题的根源在哪里。当然，如果他了解团队角色画像，那他自己就能找到答案。

事实上，除了团队中"鞭策者"人数太多这一情况外，还有其他因素也可能引发问题。如果团队角色的分布不均衡，或者缺失必要的角色，最终造成的后果会证明，绝不能只根据成员们能否完成规定任务而组建团队。

11. 个人转型的故事

巴里·沃森（Barrie Watson，总经理⊖）

英国 CERT 咨询和培训公司

我很高兴能为贝尔宾团队角色模型的实际应用提供一个案例，但我需要从自己的很多案例中挑选一个。

最后，我决定倒不如说说团队角色理论对我作为一个人、一个经理和一个人力资源顾问产生的影响。在接触梅雷迪思·贝尔宾博士和团队角色模型之前，我对自己作为领导的能力非常自信。我觉得自己很有自知之明，也懂得如何让别人尽情发挥。我毕竟认真读过马斯洛、赫茨伯格、麦格雷戈等人的书。

团队角色理论和"自我认知量表"测评让我如梦初醒。我自以为耐心十足、从容不迫、擅长分析、讲究逻辑、富于爱心，可事实并非如此。我的画像显示我充满斗志、为人直率、擅长游说，是一个凭直觉做事的企业家，对他人的真实需求和动机反应迟钝（"鞭策者"兼"外交家"画像）。假如把"智选优才"系统和"观察员测评表"体系得出的数据进行综合分析，这一点就更加突出了。

在对自己的经历进行了深入思考之后，我明白了这些经历背后的故事，也明白了为什么我在创办企业和人事管理方面有时会非常成功，有时又一败涂地。

⊖ 巴里此前是弗洛瑞特营销集团（Floreat Mar keting Group）董事会主席，NARF 有限公司的财务总监。

我不是那种过度守旧的人，凡事喜欢向前看，于是我决定重新自我调整。在贝尔宾理论的武装下，我很清楚不能走老路了。现有的习惯有些需要改变，比如，任何事情都想做到最好，或者说假装自己是最好的。我还养成了一些新的习惯，比如，请求具备"审议员"画像的同事在我呈交最终成果之前帮我看看有没有什么错误，或者请"智多星"合伙人在我束手无策时帮忙出谋划策。

对我来说，这么做不是出于本性，因为我一直相信"车到山前必有路，船到桥头自然直"。[新西兰心理学家戴维·古斯（Dawie Gouws）在把我介绍给他的同事时说过的话。他这个人真是颇具慧眼！]

这些新的做法很快带来了回报。能够承认自己的不足而不是去掩盖这些不足，让我轻松了许多。我的同事们感觉自己在工作中有了新的空间，也更加受到认可。能够发挥自己的长处，不仅在情感上让我更加成熟，我的企业也快速成长。当然，这仅仅是一个开端而已。我正在充满热情地帮助个人、团队和组织，让他们和我一样从中受益。

己所不欲，勿施于人

15年来，我把贝尔宾理论应用到20多个国家的公共和私营组织中去，并取得了巨大成功。有的组织规模小得不足50人，有的则有20 000多名员工。

所有这些案例都不同程度地取得了成功，业绩都有明显的提升，而且很多改善都得到了公众的认可，这些都是我们工作成就的证明。

比如，有的组织在我的帮助下采用了贝尔宾的方法，连续四年中有三年获得了"全英最佳工厂"（Britain's Best Factory Award）⊖大奖。当然，这也许只是巧合，但我并不这么看。

在对促进业绩提高的因素进行分析时，有一个因素总是发挥着积极作用。在组织的各个层级中，不管是高级管理人员还是基层员工，大家对团队角色模型都持欢迎态度，而且和我一样认为贝尔宾的工作简单可行。

⊖ 由《今日管理》杂志和克兰菲尔德管理学院赞助颁发。

附录 B

运用贝尔宾理论的本土案例

1. 阿里巴巴：打通组织任督二脉

张黔平，组织发展负责人

阿里巴巴集团

阿里巴巴旗下拥有全球最大的电商平台和中国领先的云计算平台，2016 财年集团平台成交额突破 3 万亿元人民币，使阿里巴巴成为全球最大的移动经济实体。此外，拥有 3.6 万名员工的阿里巴巴，2016 财年收入已突破千亿元，达到 1 011 亿元人民币，由此成为人均产能最高的中国互联网公司。

阿里是一支从商场中拼杀出来的团队，通过卓越领导层打造一支强力高效的员工队伍，将是集团迈向成功的关键。为此，近年来，集团推行了贝尔宾团队角色工具，并在跨部门及同部门合作层面有过不少尝试与突破。这里陈述一下贝尔宾工具在阿里内部应用落地的四大类场景。

垂直团队

组织在垂直团队层面的合作通常会面临诸多挑战，特别是在大家达成行动共识方面。针对不同层面的管理团队，邀请相关人员参加高绩效团队工作坊。从学员的反馈与后期结果来看，一共有两方面的收获。第一，建立了共同的团队语言，因为藏在语言背后有很多深层次的东西，用团队角色特有的行为方式，通过共同看见的形式，每个人都理解了对方为什么这么说、为什么这么做，促使学员在今后的沟通、互动和思考过程中，更容易与其他人达成共识。记得有个学员在反馈时说："这个工具帮我们建立了共同语言，以前大家要通过 5~6 年来建立'阿里语'，现在半天就明白角色表达特指的行为是什么。"第二，达成行动共识。这个方法使学员迅速熟悉了彼此的行为风格模式，明确了如何在工作中以最高效的方式合作，团队角色地图清晰地勾勒出了团队目前的优势和潜在的劣势，使大家很容易形成一致的行动同盟。

横向团队

阿里巴巴旗下拥有众多业务模块。每个业务单元（BU）都有各自的产品经理（PM），每个产品经理对其分属 BU 模块产品的设计负责。为了探索集团内部产品经理的共同点和差异点，阿里巴巴邀请多位产品经理完成了贝尔宾在线测评。阿里巴巴希望看到，未来这些数据能够打磨成为一把解密高业绩项目团队 DNA 的金钥匙，在团队角色与职能角色间找到平衡，打造高绩效团队。

跨部门团队

跨部门团队经常需要解决特定问题与挑战，阿里巴巴的生产链路分为开发与测试两块，负责产品开发的 A 团队将新开发的产品移交给负责测试的 B 团队，为了帮助团队之间合作更加高效顺畅，阿里巴巴不断尝试创新的方案。为了解决这个问题，我们的 HR 团队将贝尔宾团队角色理论引入这两个团队，为双方团队成员提供了互相了解的理想场所。通过贝尔宾工作坊，团队成员终于解开了困扰多日的心结。贝尔宾工具营造了一个全新的氛围，帮助成员解决了现实难题，进而引发了高质量对话，铸造了高绩效团队的基石。

自然团队

我认为，贝尔宾在自然团队层面或可发挥更大的功用。自然团队成员的目标相对一致，团队以某个核心目标为导向，团队成员之间的日常合作也很频繁，因此团队之间有强连接。主要产出有以下几个方面：第一，在学习贝尔宾理论后，成员可以更清楚地发现其他成员对团队的贡献，明白自己的优势和对团队的贡献，了解其他人是什么角色，给团队的贡献是什么，从而在自己遇到困难的时候，知道找谁帮忙；第二，通过团队成员的他评提升自我认知，让水面下的一些东西浮出水面，缩小了沟通的差距；第三，由于贝尔宾团队角色工具扎根于员工的日常工作场景，且成员间本身具备磨合经验，所以团队成员可以轻松上手并在工作场合使用该工具。有些原本融合得比较好的团队，在贝尔宾工作坊中，彼此能准确猜到对方的团队角色；第四，对新近组建团队的新领导，也能帮助他们实现高效沟通和最优产出，特别是能帮助系统里的各层级领导有全新的发现，在掌握了团队融合的金钥匙后，他们通过团队拿目标的信心会提升很多，对后期组织效能的保障也会产生积极影响；第五，团队角色理论能够让大家迅速达成目前团队的现状共识，并能够制定可行的行动方案。

2. 诺和诺德：真实领导力的落地

李文超，高级领导力发展经理

诺和诺德（中国）制药有限公司

诺和诺德拥有 90 多年历史，是全球范围内糖尿病防治领域的领先者。公司认为，企业文化和价值观是领导力项目成长的土壤。文化的不同会直接影响领导力项目关注重点的不同。诺和诺德的核心领导力文化理念"真实领导力"，希望每个人都"做真实的自己，并在此基础上具备更多技能"。鼓励领导者发现自己的优势，并利用优势来带领团队，形成多元化的团队，从而在团队绩效方面达到"1 + 1 > 2"的效果。

领导力发展方案——团队定制

诺和诺德的领导力发展方案之一的团队定制方案，共分为三个阶段的课程，其中的 3 阶课程（NNMP Ⅲ）有别于其他注重领导者个人能力发展的项目，而是更注重把领导者放在整个团队中进行培养，重点是帮助其建立高绩效团队。虽然项目依然主要关注管理者自身能力的培养和知识水平的提升，但在过程中会适当将其整个团队成员纳入项目中。所以，3 阶课程是理论知识和落地实践的综合培养方式。贝尔宾理论的嵌入正是位于整个领导力发展项目的 3 阶课程。

3 阶课程始于两天的培训，帮助管理者了解诺和诺德的领导力价值理念，并生成贝尔宾测评报告。诊断报告完成后，公司会根据每个团队的实际问题，以工作坊和一对一反馈的方式进行干预。工作坊内容根据实际情况的不同，主要分为以下三大主题：

领导力工作坊主题一：分配工作/项目任务

现实情况中，诺和诺德的团队管理者在工作及任务分配上存在不足，或是仅根据员工兴趣及工作量多寡等因素进行工作任务分配。为结合贝尔宾团队角色特点和现实团队目标，合理分配团队角色，诺和诺德一般会在新项目启动或团队目标设定这两个场景中，尝试这样的工作分配方式。这种方法使管理者把岗位职责与个人偏好结合在一起，员工工作起来也不累，因为那是他喜欢的角色与工作，从而大大提升了个人工作效率。

领导力工作坊主题二：跨部门与上下级的有效沟通

这个主题的工作坊也是诺和诺德做得做多、最有成效的一个主题。通常我们会从数据库中找到那些与人合作特别多的或是过去在工作上存在问题较多的，或搞不定的员工的贝尔宾测评报告，记下他们排位最高的几个团队角色，并将这些报告匿名后分发给工作坊学员，借此训练学员处理冲突和有效沟通的能力。工作坊帮助学员明确了在遇到不同行为特征（团队角色画像）的人时，应该从什么角度去说服对方，或从什么角度和对方好好相处，可能有些人需要用道理说服，有些人需要用情感说服，在学员明确了工作中的人际互动倾向，以及明白了多元团队的道理后，我们会制订对应的沟通互动计划，这些举措对于提升管理人员与下属团队成员的沟通互动，以及跨部门与上下级有效沟通的达成都有很大的帮助。

领导力工作坊主题三：提升团队氛围

在现实情况中，管理人员有时会发现下属团队成员的氛围和士气较低落。诺和诺德团队在工作坊中帮助团队了解影响团队成功的因素有哪些后，结合团队角色，探讨了作为员工、管理者如何从个人的行为层面进行改善，从而有效提升团队氛围，并助益日后的工作绩效。

贝尔宾工具致力于打通管理者与团队成员之间的"沟通路障"，帮助诺和诺德管理人员聚焦每位团队成员之于团队的贡献和价值，并帮助管理者因人适岗，合理调配现有人力资源并努力达到团队绩效最大化。至此，诺和诺德不再单纯从个人性格和能力层面评估管理者的工作，而是将管理者置于团队层面，考量管理者为其团队带来的帮助和影响。

附录 C
术语表

鞭策者 一个团队角色，负责驱动团队，确保团队可以按照既定目标和优先程度推进工作；努力让团队的讨论和团队活动的结果形成预想的形态或者模式。

测评包 针对人格特征中比较宽泛的因素进行测评而共同编出的一组心理测试。本书使用测评包提供的数据来预测管理绩效。测评包涵盖了沃森-格拉泽的"批判性思维测评"（YM 表）、"卡特尔16 项人格因素量表"（表 A，1962 版。1967—1968 年英文版由于产生了令人不满意的数据而被放弃）和"个人偏好问卷"等测评工具。

次要团队角色（Back-Up Team Role） 某个人在主要团队角色之外所具备的自然倾向性团队角色。

高管沙盘实战演练 亨利管理学院的本·阿斯顿开发的一个管理游戏，其目的是"创造出一段结合所学习内容的高强度体验，把本来支离破碎的各种管理技巧整合到一起"。"高管沙盘实战演练"是一种互动教学活动，其中有六到八个模拟团队（或称"公司"）。每个团队有六名成员。团队业绩不仅取决于团队内部的决策，也取决于其他团队的策略，同时包含了在国内和出口市场上的竞争。各团队的财务结果通过电脑计算得出，跨度长达 12 个"季度"。团队竞赛的目的是在游戏结束时看谁斩获所有资产中最大的份额。团队可以购买"市场研究报告"，还要对招募营销人员、投放广告、研发投入、库存和定价等各个方面进行决策。"高管沙盘实战演练"还有与"银行"打交道的环节。最近几年，还增加了跟"工会"和"政府"讨价还价的环节。在 10 年的时间里，该教学活动不断改进，但不管变化多大，结果通常都能反映公司或团队是否高效。

个人偏好问卷（简称"PPQ"） 剑桥大学产业培训研究所开发的人格和观点测评工具，所得数据与 16PF 得出的数据配合使用。PPQ 是开放性测评工具，也就是说，应试者需要自己提供答案，而不是在已经给出的选项中进行选择。问卷包括 50 对大家熟知的名字［比如，穆罕默德·阿里（Mohammed Ali）／亨利·库珀（Henry Cooper）、斯坦·劳莱（Stan Laurel）／奥列佛·哈迪（Oliver Hardy）等］。受试者需要指出自己更喜欢哪一对人物，并写出偏好的理由（可以是正面的也可以是负面的）。这些理由可以借助 PPQ 辞典分为五个大类，每个大类又包含四个小类。这五个大类分别是才华（包括能力、脑力、创新能力和多才多艺）、成就（包括造诣、竞争性、决心和持续性）、个性（包括和善、浮夸、人际交往能力和幽默感）、公平（包括遵守规则、正直、声誉和道德），以及主观因素（包括宗派、生理原因、移情和反应）。每个小类的得分称为构建因素。根据总体人群反馈的水平，每个小类都得到一个反馈数据。这些数据可以帮助我们解读应试者的测评成绩。

PPQ 应根据国别和文化水平而有所区分。目前在英国有三个版本：国际版（供教育程度较高的应试者使用）、澳大利亚版和尼日利亚版。

功能性角色 团队成员在满足特定技术要求时所表现出来的角色。一般情况下，担当这个角色的成员是依据其经验进行选拔的，选拔时不会考虑其个人特点或者能力是否可以完成团队的其他工作。

构建因素（Constructs） 构成一个人世界观的一系列想法和理念。一个人对本身具有不同意义的材料如何进行辨别，可以形成不同的模式。通过分析这个模式，可以梳理出他的构建因素。构建理论的发展很大程度上源于 G. A. 凯利的《个人构建心理学》（*Psychology of Personal Constructs*）（New York：Norton，1955）。凯利的方法是建立在一个叫作"贮备格栅"的方法之上的。但这种方法需要一个专业人员对应试者不断进行干预，因而在多数商业环境中显得过慢，成本也太高。另一种方法是"个人偏好问卷"。本书提到的经理人构建因素便是通过"个人偏好问卷"产生的。积极的构建因素指的是喜欢某件事情的原因，消极的构建因素指的是不喜欢某件事的原因。

焦虑（Anxiety） 焦虑在 16PF 中通过六个向度进行测评。焦虑的人很容易激动。如果在焦虑的同时"自我控制"和"纪律"的得分很高（通过 16PF 中的两个向度来测评），焦虑会倾向于转化成能量和动力。但如果在"纪律"上得分较低，焦虑容易导致对他人的干扰，或者在个人的内心产生难以忍受的压力。

焦虑内向型（Anxious Introvert） 一个焦虑程度和内向性都很

高的人。

焦虑外向型（Anxious Extrovert） 一个焦虑程度和外向性都很高的人。

卡特尔 16 项人格因素量表（简称"16PF"） 亦称作"卡特尔人格量表"。这个测评是由应试者自己完成问卷。问卷一共包含 187 个问题，每个问题有三个选项供应试者选择。之所以叫 16PF，是因为它包含了 16 种人格因素。其中只有一个因素测评智力，其他 15 种向度的名字是对向度两个极端的描述。但假如把这些向度单独剖开来看，所使用的描述性语言可能会对人产生误导。这些向度包括：矜持/开放、激动/平静、谦卑/独断、严肃认真/听天由命、权宜之计/责任心强、害羞/大胆、柔弱/刚强、信任/怀疑、拘泥小节/富有想象、自然/精明、自信/忧虑、保守/激进、依赖/自主、失控/控制、放松/紧张。

16PF 产生一系列将各种向度得分综合起来的所谓二阶因素。本书中，二阶因素是指人的创造性倾向、外向性—内向性，以及焦虑—稳定。

内向型 高度内向的人。内向型的人感官阈值的下限比较低；稍有刺激，就会反应强烈，不喜欢高强度的刺激；不容易感到无聊。内向型的人群容易产生有思想深度的人和富有创意的人，且对压力比较敏感。

内向性 荣格发现的一种人格。具备此类性格的人主要关心的是自己的想法和感觉，而不是外部环境中的人和事。内向性是通过 16PF 中的五个向度进行测评的。

凝聚者 一个团队角色，主要任务是支持他人发挥自己的长处，弥补其他成员的不足，改善成员之间的人际沟通，培育团队精神。

批判性思维测评 开发者是哥伦比亚大学社会心理学和教育学荣誉退休教授古德温·沃森和洛杉矶爱德华·格拉泽心理咨询事务所的爱德华·格拉泽。测评包括五个部分，分别评测受试者的推理能力、假定认知能力、演绎能力、阐释能力和论点评估能力。推理能力指的是从已知的数据中辨别真伪的能力；假定认知能力是指能够理解已知观点中的隐含命题的能力；演绎能力是指对已经给出的观点和立场进行精确论述的能力；阐释能力是指评估证据并区分对它的各种概括正确与否的能力；而论点评估能力是指针对特定问题能够判断哪些论点相关且具强支撑而哪些论点不相关或无效的能力。

该测评共有 100 项内容，需要在 50 分钟内完成，但在实践中时间的限制并没有严格执行。大约 95% 的应试者完成了所有的内容。如果有人能够得满分（或者零分！）就可以拿到 10 英镑的奖金。但因为没有人能给出完美的答案，所以到目前为止还没有人能领到奖金。

审议员 一个团队角色，负责分析问题，对各种想法和建议进行评估，从而让团队在决策时取得平衡。

团队大富翁 "团队大富翁"沙盘模拟是为参加管理团队研讨班的学员设计的，目的是帮助学员把新学的知识和见解运用到实践中。每个团队有四名成员，参加沙盘模拟的有四到五支团队，模拟时间大约五个小时。"团队大富翁"是根据大家熟知的"大富翁"游戏的原理开发的，但有一些本质的差别。游戏中，所有财产交易一定要通过拍卖、招投标或者谈判来完成。各环节是预设的，每个团队对这些环节事先都有所了解，这样可以在进入每个游戏环节之前进行预先评估。我们还对规则进行了修改，减少了偶然因素对结果的影响。模拟活动的安排给各团队带来很大压力，而这种压力感也因团队人员规模的影响被夸大了。由于团队的人员构成不平衡，所以有可能带来很多挑战。因为该游戏人数比"高管沙盘实战演练"少，有些成员学会了适应这些挑战，并为团队的共同利益而做出了自我调整（也就是对自己的团队角色有所牺牲）。

团队工作者（Company Worker，后改为执行者/Implementer）

一个团队角色，负责把理念和计划转变为可以执行的工作流程，把已经通过评审的计划全面而高效地加以执行。

团队角色 用以描述团队中的成员在为整体目标进行互动时各成员互动方式的特征，这些特征表现出了特有的倾向。根据成员对团队的贡献方式，我们总结出八个有用的角色类型："协调者""鞭策者""智多星""执行者""凝聚者""审议员""外交家"和"完成者"。实验测评表明，每个团队角色都具有不同的个性类型。

外交家 一个团队角色，负责在团队外寻找思路、资源和进展；为团队建立外部联络，且进行后续的谈判。

外向型 高度外向的人。外向型的人具备独特的心理和生理特征，他们的感官阈值下限比较高。对同样的反应，他们需要更为强烈的刺激，而且热情消失的速度也相对较快。外向型的人容易感到无聊。有的外向型个人为了适应此种倾向会不断寻求新的积极刺激。

外向性　指特定的性格，最初由荣格提出。此类人的兴趣围绕着自己周边的外部世界，而不是自己内心的思想和感觉。外向性是通过 16PF 中的五个向度进行测评的。

完成者　一个团队角色，负责团队的工作成果尽量不出纰漏，主动寻找那些需要特别关注的工作内容，确保团队内部保持紧迫感。

稳定　与焦虑相对的性格特征，可以通过 16PF 中的六个向度进行测评。稳定的人通常性格随和，能够和与自己差别很大的人相处。他们比较随性而懒惰，只有在重压之下才会发挥出自己最大的潜力。

稳重内向型　高度稳定而内向的人。

稳重外向型　高度稳定而外向的人。

心理测评　个人所具备的可测量特性。包括智力、个性、性格和倾向都可以通过标准化的测评工具读出一些信息。尽管这些测评不可能覆盖人的方方面面，但其优势在于能提供标准化的信息。这样，不同的人可以用类似的标准进行比较，信息的有效性更为持久，可以很容易地提取，且方便进行长期研究和验证。

辛迪加团队　在一起相互学习的经理人团队。亨利管理学院的"辛迪加团队"由 10 ~ 11 名成员组成，且在整个教学活动中人数保持不变。

执行者　即"团队工作者"。

智多星　一个团队角色，负责考虑困难问题，提出解决问题的新想法和新策略，为整个团队面临的问题寻找突破性解决方案。

主席（Chairman，后改为协调者/Co-ordinator）　一个团队角色，善于利用与调配团队的资源，负责管控团队实现共同目标的方

式，能够认清团队成员的优势和劣势，确保每个成员都能发挥自己
的潜力。

主要团队角色　应试者得分最高的团队角色。

专家　一个团队角色，具备较为少见的知识或技能的人，偏好
在其有限的领域内发挥作用。该角色是在亨利管理学院的实验结束
后通过社会实践发现的。

参考文献

Adizes, Ichak. 1981. How to Solve the Mismanagement Crisis: Diagnosis and Treatment of Management Problems. 1981. Adizes Institute, San Diego.

Ardrey, R., 1971. The Social Contract. Fontana, London.

Bales, R. F., 1950. Interaction Process Analysis: a Method for the Study of Small Groups. Cambridge, Massachusetts. Addison Wesley.

Handy. C., 1979. Gods of Management. Pan Books, London.

Hollander, E. P., 1978. Leadership Dynamics. The Free Press, New York.

Janis, I. L., 1972. Victims of Group Think. Houghton Mifflin, Boston.

Jay, A., 1969. Management and Machiavelli. Hodder and Stoughton, London.

Jay. A., 1972. Corporation Man. Jonathan Cape, London.

Kellner, P., Lord Crowther-Hunt, 1980. The Civil Servants: an Inquiry into Britain's Ruling Class. Macdonald, London.

Likert, R., 1967. The Human Organization: Its Management and Value. McGraw-Hill, New York.

Lippitt, G. L., 1969. Organization Renewal. Appleton-Century-Croft, New York.

Margulies, N., Wallace, J., 1973. Organization Choice. Scott Foresman, Glenview, Ill.

Mintzberg, H., 1973. The Nature of Managerial Work. Harper and Row, San Francisco.

Rackham, N., Honey, P., Colbert, M. J., 1971. Developing Interactive Skills. Wellens Publishing, Guilsborough.

Ramsden, P., 1973. Top-Team Planning. Cassell and Associated Business Programmes, London.

Woodcock, M., 1979. Team Development Manual. Gower Press, Farnborough.